바라건대 당신이 어두운 곳에서
너무 오래 먹먹히 지내지 않았으면 해요

2023, 겨울
진심

개인정보 보호를 위해 등장하는 인물은 신분이 드러나지 않도록 하였으며, 더 큰 공감을 끌어내기 위해 화자와 사연을 각색하였습니다.

저자 고유의 글맛을 살리기 위해 표기와 어법은 저자의 방식을 따랐습니다.

행복해지는 일에
　　게으름 피우지 않기로 해요

김 혜 진 에 세 이

작가의 말

덧없이 흘러가는 것들 사이에서 무사히 흘러가는 방법을 고뇌하다 보니 삶 어디에서도 도망칠 곳 하나쯤은 구비해 두어야겠다고 생각했습니다. 언제고 다시 일상으로 돌아오더라도 마음이 한계치에 도달할 때마다 도망칠 수 있는 곳 말이죠. 지금은 여백 많은 종이에 긁는 흑심에 기대어 살지만, 이곳뿐만 아니라 삶의 곳곳에 마음을 기울이면 흘려보낼 수 있는 곳을 여러 곳 만들어 보려 거듭 애쓰고 있습니다. 지금보다 더 나아지고 싶고, 더 잘 살고 싶기 때문입니다.

사람들은 다 저마다의 다른 사유를 띄지만 엇비슷한 상처를 지녔다고 생각합니다. 마음에 불안이 그림자처럼 따라붙으면 용기 내기에 앞서 자꾸 머뭇대는 겁이 막아섭니다. 그렇지만 삶에 울음을 흘리다가도 재차 울음을 그치려는 이유는 그럼에도 불구하고 더 나아지고 싶다는 생각 때문이지 않나요. 우리 모두 잘 살고 싶은 마음, 그거 하나 가지고 오늘도 눈을 감고 내일을 기다리고 있는 거겠죠.

그래도 잘 살고 싶으니까 더 소리 내어 울었던 거고, 잘 살고 싶어서 숨차게 뛰다가도 멈출 수 있었던 것 아닐까요. 순간순간마다 스스로에게 미치는 저마다의 고통과 기쁨이 간혹 잔잔한 행복을 가져다주기에. 여러 이해관계가 얽혀 정확히 무엇이라 판단할 수 없는 삶 속에서 뚜렷이 말할 수 있는 거라곤 이미 지나간 일은 현재의 한 치 앞으로 끌어당길 수 없다는 것입니다.

당신이 누구든 어떤 삶을 살아왔고 당신의 처지가 어떻든 저마다의 사유를 갖고 치열하게 투쟁하는 당신에게 평화가 너울거리고 기쁨이 파도치는 삶이길 간절히 염원합니다.

김혜진 올림

차
례

작가의 말 006 ＊

1

고된 하루에도 작은 예쁨이 있었지

오래된 격려 014 ＊ 후회의 여운 015 ＊ 불행의 언저리 018 ＊ 겁이 많은 이에게 020 ＊ 바라던 것은 그곳에 있다 022 ＊ 천천히 그렇게 끝까지 024 ＊ 노력 027 ＊ 충분히 잘 살아가고 있다 028 ＊ 그럴 수도 031 ＊ 우리가 피워낸 봄 032 ＊ 가끔은 지더라도 결코 지지 않기 위해서 034 ＊ 오늘도 고생했어 038 ＊ 좋은 꿈을 꿈시다 039 ＊ 속편한 핑계 042 ＊ 이해관계 044 ＊ 당신도 어설프지 않게 살고 있지 046 ＊ 기록 048 ＊ 기대 049 ＊ 연약한 계절 050 ＊ 저마다의 이유 052 ＊ 달력 053 ＊ 좀 견딜만한 일이 된다 056 ＊ 찰나의 행복 058 ＊ 마음 보관함 059 ＊ 편애하는 나 062 ＊ 우울 극복법 064 ＊ 당신의 행복이 우선이다 066 ＊ 슬픔은 습관이 아니다 067 ＊ 함께라는 이유 068 ＊ 행복해지세요 070 ＊ 돌아오는 길 071 ＊ 참 잘 견뎠다 072 ＊ 무엇이든 할 수 있다 073 ＊ 수없이 반짝이는 눈 075 ＊ 괜찮다 080 ＊ 청춘 081 ＊ 불안의 수심 083 ＊ 어리숙했던 작별 084 ＊ 저는 제가 좋아요 086 ＊ 충분히 아파하기 090 ＊ 생채기 092 ＊ 언니 093 ＊ 무른 어른 099 ＊ 그 추위를 이겨내고도 봄이 오고 꽃이 피는데 100 ＊

2

행복하기, 이게 뭐라고 그렇게 어려웠을까.

우리는 만나지 않을 수 있었다 104 * 사랑에 이유를 달지 않기로 했다 106 * 우리는 사랑을 말해야 한다 108 * 사시사철 110 * 후회 없는 사랑 112 * 다시 보는 영화 113 * 낡아가는 것들 중 반짝이는 것 114 * 사랑 115 * 상실을 붙들고 사랑을 말하기 전에 116 * 외로움이 사랑이 되어선 안 된다 118 * 사랑의 유의미 119 * 사랑은 사랑인지라 122 * 삶의 모순 123 * 너의 불안까지도 124 * 여름 꽃 125 * 빈 편지 126 * 언제나 오고 마는 사랑은 없다 127 * 존재 그 자체 130 * 남겨진 우리 133 * 아픈 사랑이었을 뿐이다 135 * 사랑하는 재주 136 * 잘 보내주는 일 138 * 당신을 사랑할 구석이 여전히 남아있다 141 *

차
례

3

매 순간 그럴 순 없더라도 대체로 당신이 행복하길

흩어진 계절 146* 사랑은 갔어도 취향은 남는다 147* 마음 뒷면 150* 헐값 151* 스며드는 감정 152* 우리가 우리였을 때 154* 너를 지났다 156* 최선을 다했던 사랑 157* 이별을 가르쳐줘 159* 어떻게 하면 잊을 수 있을까? 160* 허술한 그리움 162* 버려진 심지를 오래도 들여다 봤다 163* 짙은 것에 대한 그리움 164* 약 속 166* 필름 카메라 167* 사는 것은 부지런히 용기내는 일 169* 미완성 172* 마음만으로 되지 않는 것 173* 온도 174* 잊어야 다음이 온다 175* 지나간 것에는 이유가 있다 176* 이름 모를 바다 177* 싱거운 사랑 후에 오는 공허 179* 같은 취향 182* 서로의 불행이 되려 사랑한 건 아닐 테니 183* 사랑이 없는 사랑은 어디로 가야 할까 184* 슬프다고 생각했을 때 186* 이별이 주는 위안 187* 전력 질주했던 마음 188* 사랑이 떠난 자리에 190* 모든 시작은 이별 뒤편에서 192*

4

나를 잃어가면서까지 지켜야 하는 건 어디에도 없었다

안아 드는 말 196 * 평범하고도 보통인 하루들 197 * 다정한 우연 200 * 단단 201 * 부정회로 204 * 마음 날씨 208 * 멀리 보는 삶 210 * 그 애 212 * 연모 217 * 빛바랜 취향 219 * 다정한 사람들 221 * 미루고 싶은 시간 223 * 철 지난 감정 225 * 지속성 인연 226 * 어린 날의 꿈 227 * 능소화 230 * 가성비 있는 삶 231 * 허름해지는 233 * 이토록 사랑하는 일 234 * 마음 바다 236 * 평범하게 살아가게 됐다 237 * 안경 239 * 눈동자 240 * 무기력증 241 * 뭐라도 해야 얻는 답들이 있어 243 * 정돈 245 * 작별 인사 247 * 쉼표 250 * 모든 이에게 좋은 사람이 될 수 없다 253 * 할머니의 낡은 수첩 255 * 지켜내지 못한 것들 258 * 엄마의 여행 259 * 연말정산 262 * 울음을 터트릴 수 있는 관계 264 * 나눠 먹은 위안 266 * 산다는 건 이별하는 일 268 * 어떻게든 마주하고 견뎠던 시간 271 * 길고양이 273 * 나의 몫 274 * 일말의 나 276 * 산책 279 * 살만해져 282 *

행복해지는 일에
게으름 피우지 않기로 해요

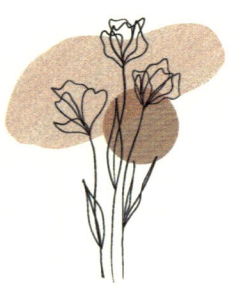

고된 하루에도 작은 예쁨이 있었지

오래된 격려

짙은 밤을 등지고 누워있을 당신에게.
살아내느라 참 고생했습니다.
눈을 감고 다시 눈을 뜨면
다시금 잘 살아내자는 용기를 쥐고, 말합니다.
괜찮아질 때까지 울음이 멎을 때까지
사랑하고, 위로한다고.
오늘도 여실히 살아냈기에
한 뼘 더 자란 오늘이 되었습니다.
우리, 각자의 자리에서 건승합시다.
이 모든 글자는
굳건한 당신에게 닿기를 바라는
나의 작은 위로이자
오래된 격려입니다.

후회의 여운

 삶에 더 좋은 정답이 있었지 않았을까. 왜 더 생각하지 못했나. 왜 더 고민하지 않았나. 왜 더 참지 못해서 했던 선택으로 기어코 후회를 만들어버렸을까 하는 생각들. 어차피 벌어진 후회는 꿰맬 수 없으니 후회의 여운을 길게 끌고 가면 감정은 더 불어나기 마련이다.

 아쉬움이 남아서 자꾸만 뒤돌아보지 않고 후회와도 잘 작별하는 것이 필요하다. 어찌해도 처음이었기에 불완전할 수밖에 없었던 우리의 삶 곳곳에서 일어난 고난들은 후에 꼭 삶을 살아갈 내게 도움이 되기 마련이다. 후회는 그리 도움 되지 않지만, 생각을 달리하고 판도를 뒤집는 일은 도움이 된다.

 아무리 깨달음을 얻고 달관하게 되어도 삶은 되돌릴 수 없기에 삶이야. 늘 정답을 찾으려고 고심하고 애쓰지만 실은 삶에 정답은 없는 거거든. 내가 한 선택만 있을 뿐. 매 순간 최선을 다했더라도 뒤돌아보면 결코 놓치고 싶지 않았던 사람이 있었고, 기어코 돌아오지 않는 순간들은 남지.

　그러니 자책에 걸려 넘어지지 않아야지. 질긴 후회에 오래 머무르지 않아야지. 그리고 내가 했던 선택들이 잘못된 것만은 아니었다는 그럴 만한 이유를 증명해 내야지. 사는 것은 어찌해도 늘 아쉬움이 남을 텐데 어떤 결과든 내가 선택했던 그 순간은 나의 삶이 유익하게 흘러가기 위한 과정이 되어줄 것이라 믿고 그저 자신이 나아갈 수 있는 최선의 걸음으로 묵묵히 가면 된다. 그저 흘러가는 대로.

매 순간 최선을 다했더라도 뒤돌아보면
결코 놓치고 싶지 않았던 사람이 있었고
기어코 돌아오지 않는 순간들은 남지

불행의 언저리

 생각했던 일들을 꼭 끝마쳐야 할 것 같은 강박이 생기면 무언가를 시작하는 것마저 쉽지 않고, 힘을 내기도 전에 앞서 힘이 빠진다. 천천히 느리게 갈 수 있었던 일도 조급해지고, 점점 해야 한다는 그 틀 안에만 갇혀 해내지 못했을 때의 상실감이 스스로를 절망에 얽매이게 한다.

 손쉽게 떠올렸던 그 미래에 도달했을 때 나의 모습이 그리 빛나지 않을 수도 있고, 행복하지 않을 수 있고, 잔뜩 망가져 웅크린 모습이 유난히 많아 생각지 않게 불행할 수도 있다. 그럼에도 한 가지만 기억하고 살자고 말하자면, 그런 날도 있지만, 다른 날도 있다는 거. 그 모습이 자신의 전부라고만 착각하지 않으면 된다.

삶을 찬찬히 더 자세히 살펴보면 이따금 빛났던 순간도 분명히 존재했을 터인데, 내가 너무 좋았던 모습보다 불행했던 모습에 더 연연해서 스스로를 그 행복하지 못한 불행의 경계 안에 더 몰아넣은 것일 수도 있다. 불안을 생성하면 감정을 조절하지 못할 만큼 삶에 제동이 걸린다. 멈춰있는 시간이 더 길어진다.

우리는 생각한 것보다 더 어려울 수도 있지만, 생각보다 더 나아갈 수도 있는 사람이다. 어쩌면 괜찮은 사람. 더 귀한 사람. 그렇기에 너무 불안에 갇혀 불행만을 거듭 되새기지 않기를 바란다.

우리,
슬픔의 언저리에서 멈춰있더라도
너무 오래 머무르지 말자.

겁이 많은 이에게

　마음만큼 살아가지 못해서 불행을 감수하는 사람이 전보다 조금 더 행복했으면 좋겠다는 생각을 합니다. 남들보다 더 어렵게 꺼내는 말들이나, 상처 줄까 싶어 더 조심스레 대하는 태도나, 자신의 상처를 자주 감추려 마음에 옷을 한 겹 더 껴입고 살아가는 당신이, 스스로에게 너무 모질게 굴지 않았으면 좋겠습니다. 그래도 살아가는 이곳엔 온정이 넘치는 일이 생각보다 많으니 너무 불행만 있진 않다며 지치지 않고 자신을 다독일 수 있기를 바랍니다.

　여전히 하고픈 것 많고, 신중해서 고민이 길고, 상처가 많아 겁이 좀 많을 뿐이지, 겁으로 감싸진 마음 안에 들일 수 있는 일말의 용기가 생겨났다면 더욱이 해낼 수 있는 사람이라고. 불안의 담장 밖으로 한껏 소리 낼 수 있기를. 삶에 꾸준히 욕심을 뺄고 행복을 더 크게 말할 수 있기를.

그 어느 순간에서도 사랑하는 것들을 우선시하는 삶과 가까이 지냈으면 싶고, 그 어디에서도 잃지 않아야 할 것들을 유언처럼 지녔으면 합니다. 스스로에게만큼은 당신이 조금 쉬웠으면 좋겠습니다.

바라던 것은 그곳에 있다

 때론 아무것도 진전되지 못한 듯한 하루가 무의미하게 느껴지고, 괜히 앞선 걱정들로 서툰 자책이 들더라도 삶에 아무 의미 없는 것이라고는 없다. 그저 삶을 완성하기 위한 하나의 조각이다. 그 어떤 부스러기 같은 하루들이라도 그 하루의 실수가, 그 하루의 절망이, 그 하루의 쉼이, 어쩌면 그 선한 고통이 없었다면 삶은 온전히 완성되지 않는다. 그러니 우리는 반짝이는 하나의 조각을 안고서 견디는 것이다. 결국 바라던 바를 이루는 사람은 꾸준히 나아갔던 사람이다. 노력은 자주 우리를 배신하지만, 그 노력마저 지겨울 만큼 나아갔을 땐 어설펐던 일도 세월이란 힘을 입는다. 다만, 계속 나아가야 만난다. 바라던 것은 그곳에 있다.

그 어떤 부스러기 같은 하루들이라도
그 하루의 실수가
그 하루의 절망이
그 하루의 쉼이
어쩌면 그 선한 고통이 없었다면
삶은 온전히 완성되지 않는다

천천히 그렇게 끝까지

 영화 말아톤에선 자신보다 더 빠르게 달려가는 사람들을 보고 애써 속도를 내달리던 초원이에게 코치선생님께선 이런 말을 하셨다. "처음엔 천천히. 남들 따라가지 말고." 이후 초원이의 말아톤이 시작되고부터 코치 선생님께선 다시 말씀하셨다.

 "천천히 뛰어봐. 지금 이 속도로 끝까지 뛰는 거야. 지금 속도에 맞춰서 천천히 끝까지. 초원아, 뛰다 보면 나중에 비가 올 거야. 비가 오면 그때부턴 죽도록 뛰는 거야. 힘내!"

타인의 속도를 체감하다가 지금 나의 속도 조절에 어긋나서 문득 더 낙오되고 있는 건 아닐까 하는 의문이 들 때가 있다. 막상 달리다 보면 어떤 시작으로 임했었는지, 이 일의 반환점은 어디인지, 어디서 더 속도를 높여야 할지, 내가 생각하는 결승점은 어디쯤인지, 그 지점에 얼마나 가까워졌는지, 거듭 걸음을 서둘러보지만 지나고 있는 나를 통 알 수가 없으니 매사 의문투성이다. 그저 숨만 차오른다면, 거듭 타인의 속도가 아닌 나만의 속도에 더 신중을 기해야 한다. 먼저 뛰어가는 누군가의 뒷모습에 조급해져서 나의 체력도 고려하지 못하고 무턱대고 급히 뛰었다간 넘어지기 십상이다.

 서두름의 대가는 결코 가볍지만은 않다. 타인의 속도를 체감하느라 나의 속도가 어떤지도 모른 채 뛰다가는 누군가의 속도가 나의 기준이 되어버린다. 그리고 그 기준에 사로잡혀 자신을 믿는 기준은 흐릿해지고 마음을 들여다보려 해도 스스로가 아닌 누군가의 데이터로 점철되어 곧 그게 내 불안함의 이유가 된다.

세상의 속도는 나의 속도가 아니다. 멀리까지 천천히 오래 가기 위해선 운동화 끈을 단단히 묶는 시간도 필요하고, 몸의 긴장을 풀어줄 충분한 스트레칭 시간도 필요하고, 스스로의 체력을 점검할 충분한 시간이 필요하다. 그래야 그 거리감 속에서 나를 지켜낼 수 있다. 내가 경계해야 할 건 누군가의 속도가 아니라 자신의 속도와 마음가짐이다. 스스로를 너무 몰아세우지 않기를 바란다.

우리 모두 처음엔 천천히.
그렇게 끝까지.

노 력

남들이 알아주지 않아도 나만 알고 있는 노력이 중요해. 누군가에게 비치는 노력보다 나만이 아는 그 노력의 힘. 남들이 모르는 곳에서까지 하는 그 노력. 누군가가 알아주지 않았던 시간들을 내가 알지. 그 노력.

충분히 잘 살아가고 있다

 아무리 애써도 나아지지 않는 불가항력을 느낄 때, 사람은 쉽게 절망한다. 다가서지도 못하게 거리를 재는 사람을 마주했거나, 아무리 애써도 노력보다 재능이 앞서거나, 좋은 사람이려고 애써봐도 나를 부정하는 사람을 마주하거나, 나름 잘하기 위해서 애썼던 일이 수포로 돌아가거나 누군가에게 상처가 되었을 때, '아, 세상 모든 일이 내 마음대로 흘러가지 않는구나.'하고 내가 어찌할 수 없는 불가항력은 사람을 우울하게 만든다.

 설령 그렇다고 누군가 내 삶에 헛된 말들을 늘어놓는다면, 그 사람이 생각하는 것만큼 하찮은 삶을 살아온 게 아니라는 몇 마디쯤은 할 줄 알아야 한다. 세상에 던져져서 하루하루를 어쩔 수 없이 넘겨왔던 게 아니라 시답지 않은 일로도 몇 날을 울어보고, 이렇게까지 운이 없나 싶을 정도로 견디기 힘든 시절도 여럿 보내왔다고. 스스로 그래도 잘 견뎠다고 말할 수 있어야 한다.

 분명 잘 살고 싶어지는 순간들이 있었다. 끊임없이 비슷한 보통의 나날에 귀결되지 않고 조금 더 낯선 곳으로 발걸음을 옮겨보기도 하고 감추려 했던 모습들을 마주하며 나의 매일은 느리지만 조금씩 나아가고 있다고. 지금의 나는 때마다의 상황에 겪지 않아도 될 감정까지 감내하고 터득해 오며 자랐다. 한참을 쓰러져 있어도 결국은 일어서고 나아갔기에 이룰 수 있었던 자랑거리도 생겨난 거겠다.

 언제나 마음만큼 살아지지 않는 순간은 존재하고, 마음보다 더 나아가 행운처럼 다가오는 순간도 있을 것이고, 지금 내 속에 자리 잡은 거센 감정이 어떤 날엔 내 마음에 단단한 근육처럼 자리 잡아 나를 지지해 주는 날도 오기를 바라며, 눈 감기 전에 느꼈던 그 불안도 내가 간절히 잘 살아가고 있는 반증인 셈이다.

불가항력을 느끼는 일에 멈춰지면 그냥 한없이 널브러지기도 했을 테니. 노력했던 결과가 내 생각만큼 나오지 않았더라도 애썼던 스스로에게 충분한 박수를 보내주며 대견하고 근사한 부분을 찾아보자. 나는 결국 잘 살아왔고, 잘 살아가고 있는 사람이라고. 그 인정을 누군가로부터 얻는 게 아니라 스스로가 답할 줄 알아야 한다.

살아가다 보니 나도 누군가에겐 오래 두고 보고 싶은 사람이 되고, 다신 만나고 싶지 않은 악역 같은 사람도 되고, 누군가에겐 살아가는 이유가 되기도 했을 터. 만남 뒤에 누군가를 잊으며 살기도, 간절히 염원할 존재가 되기도, 가장 새로운 자극이 되기도 할 테지.

그러나 그 모든 순간을 지나면서 결코 잊지 말아야 할 것은 나도 누군가에게 지독히도 사랑받았던 사람이라는 것을. 어쩌면 누군가의 기적이기도 했을. 나의 존재의 이유를 잊지 말았으면 한다. 나는 충분히 잘 살아가고 있다.

그럴 수도

그럴 수도 있다.
그런 일도 있다.
그런 관계도 있다.
그런 마음도 있다.
그런데
때에 따라 넘겨버렸던 감정들이
나를 기어코 아프게 한다면
그렇지 않을 수도 있다.

우리가 피워낸 봄

 삶은 예상에 없던 돌부리에 걸려 고꾸라지고 흙먼지를 뒤집어쓰기도 할 테지만, 그렇다 해서 삶 전체가 곤두박질치는 건 또 아니라는 것을 안다. 내가 겪은 곤경에는 나의 시야에 걸린 상처들과 독기들 뿐이지. 나의 시야를 벗어난 그 경계 너머엔 내가 존재하는 이유와 이 곤경을 이겨내게 만드는 무수한 이유들이 존재하고 있다.

 그날그날을 건너 그 곤경에서 멀어지기까지 애쓰는 자신과 상처에게 온전히 벗어나게끔 마음을 건네고 나를 감싸주던 나의 사람들이 있으니까. 무수한 마음이 어떤 곤경을 이겨내게 하는지는 흘러간 시간이 자연스레 알려주기도 하고, 곤경을 핑계 삼아 더 큰 곳으로 도약하게 만드는 수법을 지녔다고 생각해야지.

비슷한 보폭으로 걷는 듯하지만 조금만 더 들여다보면 숨이 찰 정도로 최선을 다해 하루와 하루 사이를 뛰어가는 우리. 틈틈이 슬퍼지는 찰나에도 곳곳에 숨어있는 다정이 조금 더 힘을 내라며 기울어지는 나를 지탱해주고 있다.

우리가 끝내 도달할 오래도록 피워낸 그 봄은
무척이나 찬란할 것이다.

가끔은 지더라도 결코 지지 않기 위해서

 사는 게 허기지는 날이면 한 걸음조차도 무겁고 어렵기만 했다. 먹고사는 평범한 일에 가난해지는 건 기본적으로 몇 푼 없는 잔고뿐만 아니라 내 마음도 그랬다. 느리게 삼켰다고 생각했는데 체한 일들이 많았다. 어떤 말들은 나를 '고작'으로 만들기도 했고, 스스로를 자문하는 하루에 갇혀 누군가 앞서 이미 걸어간 발자국을 마주할 땐 유난히 더 작아지는 것 같을 때도 있었고, 최대치를 끌어서 보냈던 하루가 '겨우'로 마무리 지어질 때 삶에 별수 없이 웅크려버렸다.

구겨져 버린 형태 그대로 살아가다 불현듯 일그러진 사이사이에 아주 작게나마 본연의 내 모습이 그려졌다. 나는 원래 이렇게 작은 마음으로 살아가던 사람이 아니었는데 내 탓이 아니더라도 고개 숙였던 날로 인해, 귓가를 관통한 모진 말들로 인해 너무 작은 마음으로 살아가고 있었다는 게 슬퍼졌다. 정작 내게 그런 말을 하고 나를 작게 만들었던 사람들은 저만치 흘러가고 지금의 곁엔 있지 않았는데 말이다.

 너무 많은 것에 연연하느라 아직 다 자라지 못한 내면이 또 다른 마음을 데려온다. 아, 내가 너무 오래 웅크려 있었구나. 굽은 등 어깨가 축 처진 날들이 쌓여 자꾸만 이리 무겁고 아픈 거였구나. 이제는 별수 없이 구겨지던 것들을 펴고 다려서 누군가의 시선, 그저 그런 말 따위에 연연하지 않고 느지막이 기지개를 켜며 자주 잊으면서 살아가야지. 눈빛과 말과 구석으로 나를 몰아넣었던 그 모든 상처들을 뒤로하고 내가 나였던 모습으로 본연의 색을 찾아 더 나은 마음으로 살아가야겠다.

한껏 나를 구겼던 순간들을 말끔히 지우고 새것이 될 순 없겠지만, 모든 건 다 사라지지 않았대도 다 사라진 척 잊은 척 괜찮은 척하고 살아가야지. 겁이 모든 걸 침범하지 못하게 사랑하는 것들을 무사히 지키면서. 어제보다 더 단단한 사람이 되어야지.

지나온 나
지금의 나
그리고 훗날의 내가
가끔은 지더라도 결코 지지 않기 위해서

오늘도 고생했어

 몇 년 전, 네가 그렇게나 울었던 날엔 비가 내렸을까. 볕이 맑았을까. 그날은 무슨 요일이었니. 무슨 일로 인해 울었니. 잘 기억이 나지 않는다면 우리는 그 시절로부터 꽤 많은 걸음으로 멀어져 온 게 맞아. 결국은 다 지나갈 거라며 괜찮지 않아도 괜찮다는 덧없는 위로로 그날그날을 연명하다 보니 겨우 버텼던 그 시절로부터 흘러와 오늘을 살아가게 되는 거지. 수두룩하게 밀린 어제는 결국 오늘로 오는 시간. 어쩌면 그때보다 더 나은, 나아지지 않았다 생각되더라도 이미 많은 매일매일을 이겨낸 그날과는 또 다른 마음으로 살아가는 오늘을 맞이한 거야. 오늘도 수두룩하게 밀린 어제를 감당하며 무엇이든 다독이느라 분주한 밤. 이 하루도 곧 먼 곳으로 가는 여정 중 하루에 불과한 시절이 되겠지. 결국엔 웃음을 마주하는 밤도 오기 마련이야.

좋은 꿈을 꿉시다

깨어있는 밤이 너무 장황해질 정도로 떠오른 감정에 매몰되는 것에 익숙해지면, 오히려 결연했던 마음가짐까지도 흐트러지기 마련입니다. 밤에 마음이 묶이면 홀로인 게 당연해지고, 무엇보다 스스로에게만 자문하게 되고, 갈피를 잡지 못한 물음표에 갇혀 더욱 움츠러들기만 합니다.

그럴수록 잔뜩 경직되어 있는 몸에 힘을 빼고, 따뜻한 차라도 마시면서 한껏 상기되어 있는 감정들을 눌러봐요. 하루에도 수십 번은 잘 살아가고 있는 걸까 헷갈리는데 그 모든 나를 끌어안을 순 없다 해도 작은 일부분이라도 좋으니 틈틈이 고생했다 어렵지만 오늘도 잘 살아냈다는 말 한마디로 스스로를 안아 들여요.

뭐든 적당하게 끝내고 틈틈이 쉬어가야 마음에도 여유가

찾아오고, 결의할 수 있는 용기도 주어지니 생각이 길어질 것 같으면 조금 더 내려두고 비워낼 수 있는 것들을 행하는 게 중요해요. 크고 작은 흠집을 가리기 위해 너무 많은 마음을 소모하지 말아요.

나를 다 안아줄 수가 없어서 별이나 달이 있다고 해요. 춥지 말라고 해를 띄우고, 외롭게 잠들지 말라고 달을 잘 보이는 곳에 띄운다고요. 자꾸만 나의 탓으로 기리며 끝내 나를 빈곤하게 만들던 생각들은 지나가는 오늘에 묻어두어요. 매 순간 그럴 순 없더라도 대체로 당신이 행복하기를 빌어요.

좋은 꿈을 꿉시다.
우리.

매 순간 그럴 순 없더라도
대체로 당신이 행복하기를

속편한 핑계

 사람들의 입에서 '괜찮다'는 말이 무수히 쏟아진다. '너의 편이 되어줄게.'라던지 '널 응원해'라는 문장 하나에도 온 마음이 동한다. 내가 가장 답하기 어려웠던 것들 중 하나인데, 정작 괜찮다거나 응원한다는 말은 쉽지만 정말 괜찮아지는 방법에 대한 것에는 늘 쉽게 입이 떨어지지 않았다. 나 또한 선뜻 단정 지을 방법을 갈구하는 사람 중 하나였기에 방법도 모른 채, 나 또한 '괜찮다'는 말에 마음을 누일 뿐이다.

 자주 고장 난 밤에 사는 사람은 괜찮아지는 방법보다 불안을 드리운 생각을 줄짓는 것이 더 편한 일이었다. 그 밤은 답을 짓지 못하고 텅 빈 공중을 떠다니니까. 두드러지는 감정을 열거하는 일이 더 쉽다.

옅다고 생각한 감정은 시간 지나 짙은 색을 머금거나, 짙다고 생각했던 감정은 연기 같이 부유하다 사라지기도 했다. 그래도 시간 지나 사라지는 게 대부분이었다.

 더 짙어지지 않으려면 직면한 감정에 매몰되다가도 나를 금방 건져 올려야 그 우울에 더 갇히지 않는다. 그러니 어제의 묵은 감정들은 오늘을 지나 또 내일은 끝내 소멸된다. 시간이 약이라는 말이 속 편한 핑계처럼 느껴질 테지만, 힘듦은 서둘러 왔다가 서둘러 가지 않더라도 끝내 지나게 되어 있었다. 그저 겪어냈을 뿐이고, 시간에게 모든 것을 떠넘기고 흘러갈 뿐이다.

이해관계

 해를 거듭할수록 공감하고 이해하는 범위가 넓어져 가긴 하지만, 그에 따라 동시에 곱절로 다가오는 절망과 슬픔의 크기가 간혹 버겁게 느껴지기도 한다. 섣불리 모든 걸 다 이해한다던 위로는 양날의 검이 되기도 하기에 삼키는 위로들이 쌓여가는 현실이다.

 누군가를 이해하고 싶어서 다 이해하지 못하는 자신을 탓하던 순간이 있었다. 남을 배려하다가 스스로의 속이 까맣게 타들어 가고 있다는 걸 인지하지 못하다 뒤늦게 발견했다. 불현듯 어떤 상황이 됐든 어떤 사유가 됐든 내가 나를 뒤로 두는 게 맞는 걸까 싶다. 어쩌면 누군가를 이해하기를 앞서 타인의 시선과 잣대를 넘어서서 스스로를 재단하며 생채기를 냈던 게 아니었을까.

세상엔 내가 이해할 수 있는 영역보다 그렇지 않은 영역이 훨씬 많다. 꾸준히 서로를 이해하려 대화를 시도해봐도 더 나아지는 것 없이 지치기만 한다면 그것은 이해할 수 없는 것까지 모두 다 안고 이해하려던 서로의 욕심이지 않았을까.

우리는 조금 더 자신의 마음을 우선시해야 한다. 현재 내가 느끼고 있는 감정 중 특히나 속상하거나 서운해서 마음이 동요되는 슬픔과 증오 같은 감정을 외면으로만 대처하다 보면 결국 끝끝내 나는 내 감정을 마주하지 못할 것이고, 애매하게 뒤섞여버린 감정의 이름을 끝내 그 누구에게도 말하기 어려워질 것이다.

다 이해할 수 없기에 우리는 존중한다는 말을 한다. 그것을 인정하면 이해하려 애썼던 그 모든 순간들이 평화로워진다. 인정하고 존중하면 편한 사실. '나'를 이해해 줄 누군가는 결국 '나'여야만 하고, 쌓이지 않게 감정을 환기시킬 줄 알고, 그 어디에서도 다독여줄 이는 결국 스스로이다. 마음에서 부디 자유로워지자.

당신도 어설프지 않게 살고 있지

　우리는 서로의 이름을 묻지 않았다. 한동안 같은 밤을 등지고 삶의 무게에 대한 말들을 늘어놓았을 뿐. 우리는 서로가 있었던 곳을 궁금해하지도 않았다. 내내 이곳에 묻어둘 이야기들을 꺼내고, 돌아갈 땐 꼭 서로의 행복을 빌었다.

　떠나보내는 이름 하나 두고서 긴 밤을 동경하다 허물어지기도 수십 번. 그래도 마음 한편에 남겨진 서로가 건넸던 다정한 문장들 덕분에 때마다 너무 어렵지 않을 수 있었다. 나는 후에 시간의 틈마다 자주 격앙됐고, 서러웠고, 집으로 돌아가는 길엔 큰 한숨 하나로 내 세상이 뒤틀리기도 했었다. 잔뜩 유약해진 마음을 숨기려 여전히 밤잠 이루지 못하는 날이 숱하게 늘어져 있고 삶의 무게는 한결같이 중하다. 그 순간들마다 당시 우리가 나눴던 대화들이 지금의 내게 위안으로 돌아오기도 했다.

그래서인지 자꾸 허름해지는 기분이 들면 가끔 낯선 곳으로 걸음을 옮긴다. 이렇게 가다 보면 그때의 우리처럼 밤 지새우며 울고 웃던 말들을 늘어놓을 누군가를 만날 수도 있지 않을까 싶어서. 많은 만남은 아니었지만, 살아가면서 나를 잘 모르던 누군가에게 나의 모든 것을 터놓을 수 있다는 사실이 여전히 신기하고 그립기도 해서 이렇게 안부를 묻는다. 서로의 마음이 겹치던 순간 경직된 마음이 풀어지던 그 순간을 잊지 못한다고. 그 당시 흐릿했던 삶에 너는 내게 선명한 한 획처럼 다가와 주었으니. 나는 그날에 많은 마음을 두고 왔기에 그나마 지금도 견딜 수 있다.

그러니 당신도 허름해지는 기분이 들면 낯선 곳으로 가끔이라도 걸음을 옮겨보기도 했기를. 어딘가에 당신에게 위로받고 당신을 위로하고 있는 누군가가 삶 어딘가에 있다는 걸 기억했으면 좋겠다.

나는 그때보다 어설프지 않은 모습으로 살고 있어.
당신도 그렇게 살고 있지.

기 록

 우리가 거듭 기억해야 하는 건 마주하는 순간마다 가득히 간직할 줄 아는 것이다. 지금 당장은 아름답지도 행복한지도 모르겠는 이 모호한 하루들은 나중이 돼서야 찬란했고 아름다웠다 빛을 내는 시절이 될 거다. 기억은 휘발성이 강해서 남겨두지 않으면 금세 날아가 버린다. 그렇기에 조금 더 주의를 기울여 기록하는 일과 남기는 방법을 배운다. 생생한 오늘의 일과 감정을 나열해 결국은 과거가 되어 그때를 더욱 열렬히 살았다며 시절이 위로를 건넬 때를 위해.

기 대

 혼자일 때 더 잘 보이는 것들이 있다. 외로움으로 인해 혼자를 더 잘 알아가는 행위가 때론 반갑다. 비로소 온전해지고 있는 것 같아서. 그러다 보면 기대하는 것도 조금씩 사라진다. 기대가 적을수록 나의 일상은 더 평온하게 흘러가니까. 가장 괴로운 건 너무 많은 기대가 생기는 순간이다. 기대했던 만큼 기다리던 만큼 그 후에 올 감정의 파장이 어디까지 닿을지 가늠조차 되지 않으니까.

연약한 계절

 아직 밤이 오지 않았는데도 눈물이 날 것 같은 적이 있는가. 허공에 나직이 뱉었던 말들이 내게 다시 돌아오길 바란 적이 있는가. 삶에 자주 생기는 이 멍울이 곧 터질 것처럼 울음을 참아본 적이 있는가.

 한없이 유약해져 있을 때 자연스레 떠오르는 존재는 대부분 이미 내게서 떠나간 사람이었지만, 잠시라도 옷자락을 잡고 나 너무 슬프고 고되었다며 울고만 싶어진다. 별말을 하지 않아도 모든 걸 다 이해받고 싶어진다. 어쩌면 이는 눈물을 흘리던 나를 하염없이 쓰다듬어주던 그 존재의 품이 그리워서일 것이다. 누구나 마음만큼 살아가고 싶고, 남들에게 피해를 끼치지 않는 선에서 안온하게 살아가고 싶어 할 테지만, 삶은 너무 고요하면 외롭고 흔들리면 무너지고 도무지 어려울 때마다 포기하고 싶어진다.

그럼에도 불구하고 감았던 눈을 뜨고 무거운 이불을 벗어나 나를 보호하기 위해 마음을 한 겹 더 입고 기어코 다시 발걸음을 딛는 당신은 꿋꿋하고도 강하다. 힘겹다는 건 힘을 내서 걸어봤다는 뜻이다. 한사코 최선을 다했던 나의 계절을 인정받고 싶은 마음은 성장하고 싶은 간절함이고, 우리의 성장은 가장 연약한 계절을 지나야만 온다.

저마다의 이유

 그 이면에는 내가 알 수 없었던 저마다의 이유들이 있었다는 사실을 알고서 조금 더 들여다보면 더 골똘히 고민했을 시간과 그 감정의 깊이가 엿보인다. 살아간다는 건 누군가의 감정을 이해해 보려 노력했던 그때를 지나 그 이면에 또 다른 의미까지 이해해 보는 일이 아니었을까. 한때는 보지 못했던 각도의 깊이까지 가늠해 보고 인정해 보고 단면적인 모습만으로 재단하지 않으며 삶의 지혜를 헤아려보는 일이라고. 내가 할애한 시간만큼 보답받지 못했던 장면은 수두룩하지만, 때마다 내가 얻은 것도 분명히 있었다는 걸 기억하자.

달 력

 뒤를 자주 돌아보는 사람일수록 마음이 자주 버겁습니다. 당시엔 표현할 수 있는 게 울음뿐이었단 사실이 절망적일 때도 있었는데 그 시절로부터 이만큼이나 멀어졌다는 사실이 퍽 위로가 되기도 하죠. 단정 지었던 그 많은 것들도 결국은 시간에 밀려 아득해진다는 사실을. 선명했던 대화의 일부분조차 어떤 말이었는지 물렁한 형태만 기억 속에 남겨졌다는 사실도 말이죠.

 일렁이는 마음에 자주 널브러지던 밤도 아침에게 밀려쥐고 있던 불안을 놓게 만드는 이 분주함이 그리 싫지만은 않아요. 찰나의 장면들은 새로운 장면으로 뒤덮여 그때의 마음이 어땠든지 간에 이 모든 미련이 무용하다는 것을 깨닫게 하고 그 시절로부터 꾸준히 반대로 걸음을 옮겨요.

사람과 사람 사이에 피고 지며 연신 휘청이던 지난날을 뒤로하고 우리는 지날수록 괜찮아질 거고, 더 나아질 거라는 것을 잊지 말아요. 그러다 미련스러워지면 다시 또 달력을 넘겨요. 이미 수십 장을 넘겨온 달력처럼 불필요한 마음도 함께 넘겨버리자고요.

나름 잘 지내며 많은 것을 잊은 사람처럼.
전부 괜찮은 것처럼.

사람과 사람 사이에 피고 지며
연신 휘청이던 지난 날을 뒤로 하고
우리는 지날수록 괜찮아질 거고
더 나아질 거라는 것을 잊지 말아요

좀 견딜만한 일이 된다

"진아, 그거 알아? 너 힘들 때마다 말이 많아지면서 말투 변하는 거?"

나는 머리가 복잡해질 때마다 말수가 많아지는 습관이 있었다. 힘겨운 이유를 늘어놓기보다 그 순간의 감정을 외면하고 싶어서 꺼내야 할 주제를 빙빙 둘러 무엇이라도 여백을 채울 말들을 중얼거리곤 했다.

그는 내가 무언가를 말하면 신기하게도 나의 속을 다 들여다봐주며 종일 휘청이던 마음에 안식을 느끼게 만들어주는 존재였다. 그래서 나의 말이 끝난 후에 들려오는 그의 대답으로 조금이나마 이 기분을 도피하고 싶었던 걸지도 모르겠다.

별다른 물음 없이 술잔을 기울여준다거나, 괜히 더 큰 웃음으로 현재의 분위기를 덮어보는 거. 한껏 약해져 무른 모습을 숨기고 싶다가도, 표정만 봐도 나를 손쉽게 들여다보는 재주를 가졌기에 나는 늘 그에게 들킨다.

잠깐만 벗어나도 냉담한 사회에서 한껏 유약한 사람이다가도 나를 안아 드는 이 앞에 서면 괜스레 괜찮을 것만 같은 기분이 든다. 고여버린 마음 정도는 그의 품에 기울여 경사를 만들면 어디로든 흘러가게 할 수 있다. 하루의 문턱도 느슨하게 넘길 수 있게 되고, 좀 견딜만한 일이 된다. 그러면 조금은 덜 외롭고, 종일 나를 괴롭히던 생각은 덜어지고 조금은 덜 어려운 잠을 잘 수 있다.

찰나의 행복

행복은 신기루처럼 찰나이고,
혼자서 감당해 낼 여운은 늘 길다.
그렇지만 그 순간을 경험하기 위해서
우리는 긴 시간을 감당해 내고도
또다시 그 찰나를 꿈꾼다.

마음 보관함

  누군가가 무너뜨리지 않아도 스스로가 무너지는 날과 누군가가 손을 뻗어 일으켜주지 않아도 일어설 수 있는 밤들은 나를 어른으로 가깝게 자라게 한다. 성장통을 겪어야지, 크는 아이들처럼. 나에게도 어른으로 가기 위한 많은 통과의례가 생겨난다.

  시간이 갈수록 제아무리 안달해 봐야 안 되는 마음을 받아들이게 되고, 슬픔을 너무 표현해내지 않고 적당히 숨길 줄 알고, 때로는 눈에 뻔히 보이는 것에도 묻지 않는 예의를 차리고, 어떤 이의 물음에 '그냥'이라고 답하며 삼켜내면 그만일 일들이 늘어난다.

  삶에는 가끔 설명이 안 되고 이치에도 맞지 않는 그 어떠한 일이 일어날 수 있음을 아는 지금. 배가 고프지 않아도 때에 따라 없는 허기를 만들어 밥을 삼키고, 새로운 무언가를 사거나 화분을 들이는 일은 마음속 한편 누군가에게 이루 말할 수 없어 소모되지 않은 공허함이 이렇게 해야만 애써 지나갈 것 같아서 결국은 온전히 스스로 겪어내야 하는 마음이 쌓여서 그런 걸지도 모르겠다.

하지만 감당해내는 감정이 결코 가벼워지는 일만은 아니다. 성숙해질수록 아프지 않은 것이 아니라, 덜컥 겁나지 않는 것이 아니라, 스스로 감당할 수 있는 감정의 그릇이 커지는 것이다. 마음만으로 생각할 수 없는 일들을 다 끄집어낼 수 없어서 홀로 마음속 보관함을 키울 뿐이다.

성숙해질수록 아프지 않은 것이 아니라
덜컥 겁나지 않는 것이 아니라
스스로 감당할 수 있는
감정의 그릇이 커지는 것이다

편애하는 나

 나의 감정과 기분이 하루에도 몇 번을 뒤바뀔 만큼 타인의 반응에 연연하게 된다면 쉽게 초조해하고 불안해지는 나의 우스운 모습이 기본값이 될 뿐이다. 인연이 시작되고 떠나갈 때마다 지난 모든 추억이 부정당하는 것만 같았던 때를 지나 내가 사랑하던 것들이 언제든 나를 떠날 수 있다는 사실을 인정하는 과정도 필요하다. 느닷없이 찾아온 인연은 느닷없이 사라져 버릴 수도 있다. 아쉬움이 미련이 되지 않으려 모든 나의 순간을 부정하지 않기로 한다.

 적당한 홀로가 필요하다. 타인의 사소한 언행으로 쉽게 불행해지지 않을 정도의 단단한 마음. 때론 새로운 취향도 품어보는 여유. 주어진 인연에 감사하고 주저 없이 베풀 줄 아는 사람이 되다가도 아주 사소한 대화를 하는 와중에도 언제나 마음의 중심엔 내가 있어야 한다.

누군가에 의해 나의 삶이 잠식되어선 안 된다. 모든 사랑의 출발은 나를 사랑하는 것에서부터 시작해야 한다. 스스로가 당연해지지도 않아야 하고, 자신의 쓸모에 대해 더더욱 생각해야 한다. 밀도 있는 삶을 위해서 반드시 믿고 지켜야 할 나는 유일무이한 존재이며 마음의 주인이다. 나 스스로 가장 편애해야 할 사람은 나여야만 한다.

우울 극복법

 한때 벗어나려고 애썼던 그때의 마음이 현재의 글에서 묻어 나온다는 말을 들었다. 몇 해 전, 나를 괴롭혔던 우울한 감정들이 다시 현재에도 글 곳곳에 퍼져 있다는 것을 알아챘다. 우울을 벗어나려고 썼던 그 방법들이 그 당시 내게 도움이 되었는지에 대해 다시 생각해 봤다. 누군가 내게 다시 우울증이 왔냐고 묻는다면 주저하지 않고 '아니.'라고 답할 수 있다.

 삶은 한차례의 방법으로 모든 걸 다 소모시킬 순 없다고 생각한다. 우리의 기분은 때에 따라 하루에도 몇 번씩 획획 바뀌고 어떤 상황을 마주하냐에 따라 다시 또 동굴을 파고 어둠에 들어앉을지도 모를 일이다. 그렇다면 그때만큼 어두운 감정을 열거해서 여러 단편적인 글을 쓰기도 한다. 다만, 어떠한 기분이 나를 더 깊은 기저로 끌고 내려가려 한다면 나는 그때처럼 더 어두운 곳을 파고드는 게 아닌 외면할 일을 찾는다는 게 그때와 지금의 내가 다른 점이다.

 스스로를 못살게 굴고 있다는 것이 느껴지면 조금 더 일찍 일어나 창문을 열고, 밀린 빨래를 하고, 안 입는 옷들을 정리해 버리고 눈에 거슬리는 것들을 정돈하고, 조금 더 느릿한 목욕을 하고, 햇빛을 보러 밖을 나서곤 했다. 열 걸음에 한 번씩 내쉬던 한숨도 최대한 미루려 한다. 사지 못하는 것들을 탐내는 심보처럼 갖지 못한 마음을 탐낸다. 괜한 서러움에 어설픈 자학들로 나를 밀어내던 마음이 어서 발길을 돌리기를 기다린다. 나를 번번이 잃어가던 그때로 돌아가고 싶지 않아서 어디서든 자신을 잃지 않도록 스스로를 사랑하지 못하더라도 사랑하는 것처럼 행동을 고치려 한다.

 이제는 무엇보다 스스로를 사랑하는 사람이 되고 싶다. 이것만큼은 애써보고 싶다. 살면서 고된 날, 나의 마음에 듬뿍 바를 수 있는 연고 하나쯤은 가지고 살아야지. 삶에서 가장 흐릿해지는 존재가 내가 되면 안 되니까.

당신의 행복이 우선이다

 누군가의 울음에 걸음을 자주 멈추는 사람들이 있다. 다독여주는 것에 유독 능한 사람. 어쩌면 섬세함이 타고나서 누군가의 마음을 일찍 알아채고, 혹시 더 많은 상처를 받을까 싶어 짙은 밤에 작은 촛불을 켜두는 사람. 그런 사람을 보며 더 나아가 생각해 본다. 그런 당신이 가장 어두운 밤을 보냈던 날에 당신은 안길 품이나 시선 둘 곳이 있었을까. 너무 많은 사람을 신경 쓰다 보면 스스로 삶에서 가장 흐릿한 존재가 내가 되던 날이 오기도 한다는 것을. 실은 누군가를 위로하는 것에 익숙한 사람도 자신이 위로받고 싶은 마음을 담아서 건네는 것이지 않았을까. 스스로가 듣고 싶었던 말을 건넨 적이 있지 않았을까. 누구에게나 선한 마음으로 위로하며 실은 외로운 삶에서 당신은 과연 안녕할까. 당신의 삶에선 당신의 행복이 우선이다.

슬픔은 습관이 아니다

 슬픔도 반복되면 일상이 되고 그 일상이 길어지면 삶이 된단다. 지나간 상처가, 지나간 절망이, 지나버린 불안이, 지나가 버린 시간들로 인해 받던 고통은 더 이상 지금 내게 슬픔이 아니라는 거란다. 슬픔은 단지 순간의 감정일 뿐이지. 지나고 흘러가고 퇴색되는 그런 하나의 기분. 슬픔은 습관이 아니야.

함께라는 이유

 내가 끄적였던 몇 줄의 글이 누군가에겐 홀로 울음을 터트릴 일기장이 될 수도 있고, 누군가에겐 한밤의 해가 될 수도 있고, 내일을 무사히 건너왔다는 아침 인사가 될 수도 있다. 말과 말 사이를 이어 인기척이 있는 삶을 위해 꾸준히 서로가 서로의 안부를 물어줄 수 있다.

 결코 삶은 내가 홀로 이겨냈기에 현재로 흘러온 게 아니다. 내 삶을 스쳐 가는 수많은 사람들의 손길과 응원과 위로 덕분에 더 나아왔던 거다. 모두가 각자의 자리에서 열심히 자신의 몫을 해내고, 오지랖 섞인 위로를 건넸기에 무사히 누군가를 살리고 뛰어가게 한 거라고 생각한다.

 이름 모를 서로가 존재했기에 우리는 더욱더 살아가는 것이다. 세상에 함께라는 이유가 얼마나 많은 사유를 만들어내고 얼마나 지독히 서로를 살아내게 했는가.

품과 품이 만나는 일은 홀로 할 수 없으니
함께라는 이유로 우리는 서로를 기울여
안아줄 수 있고 가꺼이 손 내밀수 있어
그래도 사람과 사람이 마주하면
울어도 조금 덜 외로울 수 있어

행복해지세요

 행복해져요. 영문도 모른 채 받은 상처들로 마음 헛헛한 날도 참 많지만, 어딘가 모난 상처를 빙자한 말 앞에서 고개 숙이지 말자고요. 어떠한 순간이 행복했다면 흔쾌히 의지하고 사랑하는 것들을 꼭 껴안으면서 그럼에도 불구하고 행복하세요. 당신은 당신이 생각하는 것보다 더 큽니다. 끊임없이 불행해질 구실을 만드는 이 삶에서 기어이 행복해지세요.

돌아오는 길

몸집보다 더 큰 슬픔을 머금어 걸음에 제동이 걸린 채 살아가는 이에게, 남은 숙제인 듯 방 안에서 가장 작은 마음으로 나지막이 울음을 토할 때도, 입맛이 없다며 냉장고 근처를 한동안 가지 않을 때도, 멍울진 마음이 내내 불안으로 뒤섞일 때도, '힘내'라는 말에 힘이 나기는커녕 그 어떠한 힘이 나지 않는다면 굳이 힘내지 않아도 된다. 모든 걸 다 이겨내지 않고 가끔은 져도 된다. 힘을 빼고 싶을 땐 힘을 빼야지. 더 애써보려 하면 더 많은 소모를 겪을 뿐이니까. 더 지칠 우려가 있지. 다만, 가끔 잘못된 길목으로 들어서서 한참을 넋 놓고 있더라도 당신이 기어코 돌아오는 길을 기억하고 있었으면 좋겠다. 언제고 다시 돌아올 수 있었으면 좋겠다.

참 잘 견뎠다

 많이 울었을까. 누군가를 떠나보내던 날에. 자주 휘청이던 날 기댔던 온기에. 매서운 말들이 하루를 채웠던 날에, 믿고 쉴 수 있던 그늘이 사라져 낯선 햇빛을 마주한 날도 있었으려나. 아득바득 살아왔던 시간이 한순간에 무너졌던 날엔 어떤 감정으로 버텼을까. 가벼운 푸념으로 넘겨버린 그 작은 몸집이 기댈 수 있었던 거라곤 작은 잔에 담긴 술 한 잔일지 모르겠으나 울 일이 많았던 고단한 시절을 견뎌내느라 참 수고 많았다. 여러 이유로 무너졌고 다시 차올라도 꾹 눌러 삼켜냈던 많은 상처를, 위로받을 줄 몰라 속수무책으로 마주한 불행도 참 잘 견뎠다.

무엇이든 할 수 있다

  나 스스로 '실패'라는 단어에 너무 맹목적으로 몰입하다 보면 그 과정에서 얻었던 가치들을 무의미하게 만드는 게 아닐까 싶다. 실패라는 것도 어쩌면 어떻게 바라보냐에 대한 태도로 그 의미가 달라질 수 있다. 시작을 주저하거나 두려운 이유는 아직 해보지 않았기 때문이다. 혹시나 기대만큼 결과를 만들어내지 못할까 봐, 타인의 결과와 비교될까 싶어서 늘 앞서 걱정을 하지만, 그건 일종의 스스로가 만들어낸 앞선 환상일 뿐이다.

  어느 하나 타고난 재능이 없다 생각된다면, 스스로를 끊임없이 배워야 하는 사람이란 것을 인정하고 더 배울 것을 모색하기도 하고, 배워서 할 수 있는 사람이라는 것을 증명해 내면 된다. 내가 맞다고 생각했던 게 틀렸다면 수정하면 된다. 그렇게 생각을 달리하면 나는 언제든 맞을 수 있는 사람이 된다.

경험은 무조건 그 어떤 것이라도 의미를 가져다준다. 처음 맞선 무언가를 다 해내지 못한 것은 어찌 보면 당연한 일이고, 서투름은 모든 것의 기본값일 뿐이다. 나라는 존재 자체가 그 어떤 성공도 무조건적인 실패도 아닌 경험의 총합이라는 것을 믿는다. 이렇게 생각을 달리 하면 우리는 무엇이든 할 수 있다.

수없이 반짝이는 눈

　글을 쓰면서 노트북으로 문서 작업을 수년째 하고 있지만, 쓰는 일만 했지 정작 어떠한 것을 만든다거나 다른 부수적인 것들을 더 건드려본 적이 없었다. 무언가를 더 잘하기 위해 생전 배워본 적 없던 컴퓨터를 배워보기로 했다.

　그렇게 다니기 시작한 첫날에 몇 개월간 함께 할 선생님과 수강자분들을 만났다. 같이 수강하는 학생들의 나이대가 대부분 부모님 또래였다. 그중 내 짝이 되신 분도 부모님과 비슷한 또래셨는데 컴퓨터를 거의 처음 만져보시는 분이었다.

기초수강을 시작하면서 그나마 많이 봤던 것들이 대부분이라 나름 이해가 쉬워서 잘 따라가고 있었는데 그분은 하나하나를 다 어려워하셨다. 그래서 내가 할 부분을 끝내고 그분이 진도를 따라오실 수 있도록 때마다 도와드렸다. 나는 배웠던 걸 다시 복습할 수 있어서 귀찮은 적 없이 좋았는데 그분은 내내 미안해하셨다. 그때마다 '괜찮아요. 어려워 보일 뿐이지 한 번만 더 해보시면 다음부터는 할 수 있을 거예요. 제가 아는 데까지는 도와드릴게요.'라고 말했다.

일주일이라는 시간이 지나고 나름 얼굴이 익숙해진 상태에서 처음으로 자기소개를 하는 자리가 마련됐다. 한 사람씩 돌아가며 1분 남짓의 시간 동안 이름과 나이를 밝히고 컴퓨터를 배우고 싶었던 이유에 대해 밝히는 거였다. 몇몇을 제외한 이들의 평균연령은 50대였다. 경력이 단절됐던 주부도 있었고, 학원을 운영하셨던 분, 평범한 회사 경리로 일하셨던 분, 교직에 계시다가 은퇴를 하신 분. 저마다의 사유가 많았다. 그리고 쉬는 시간에 내 짝지였던 분이 말씀하셨다.

"실은 내가 예전에 간호조무사만 이십 년간 했었는데 허리 수술을 하게 되면서 일을 그만둔 뒤에 다시 복직하려고 했는데 다른 곳이 아프고, 또 나으면 다른 곳이 아프더라고. 그래서 그때 완전히 하던 일을 내려놓고 집에서 전업주부로 있었어. 그렇게 십 년이 후딱 가 버리더라. 그러다 문득 집에 가만히 있는데 내가 아무것도 아닌 존재 같은 거야. 뭐라도 해야 떳떳해질 것만 같고. 그래서 뭐라도 하려고 면접을 보러 다녔는데 요즘은 컴퓨터 하나 못 만지면 할 수 있는 일들이 거의 없더라. 그래서 여기 왔지. 그런데 생각보다 너무 어려운 거야. 내가 모르는 말들이 쏟아지고 선생님 말을 따라가려 해도 다 이해하지 못하고 넘어가면 사고가 정지돼. 실은 너무 잘해보고 싶었는데 나는 이것도 못 하나 싶었거든. 이것도 못 따라가는데 다시 일을 할 수 있을까 싶었는데. 그때마다 혜진씨가 알아채고 도와주더라고. 그래서 너무 고마워. 진짜 잘해보고 싶었거든. 할 수 있을 것 같아. 나는 짝꿍 잘 만난 것 같아. 진짜."

이곳엔 저마다의 사유를 갖고 있지만 공통적으로 부족한

무언가를 잘 해내기 위해서 모인 사람들이었다. 누군가가 봤을 땐 아주 작은 걸음처럼 보일지 몰라도 조금 더 긴 시간을 붙잡고 살아온 사람에겐 흘러온 시간만큼 마음에 불안이 그림자처럼 따라붙어서 그 시작엔 더 많은 용기가 필요한 법이다.

나의 쓸모가 사라진 것만 같을 때, 그 쓸모를 찾기 위해서 나아가려 다시 용기를 내고 도전하는 사람들의 눈빛은 수없이 반짝인다. 스스로가 자신의 한계점을 긋지 않는 이상, 몰랐던 것뿐. 우리에게는 나조차도 모르는 무언가가 있다. 분명한 무언가가 있다.

가장 어려운 용기를 내어 한 발짝 나아간다면
온 우주가 당신의 시작을 응원할 것이다~

괜찮다

힘들다는 말은 습관이 될 수 없었는데
괜찮다는 말은 습관이 됐다.
실은 괜찮다 말하고서
괜찮았던 적은 대개 없었고,
그저 잠깐이나마 안심시키려 했던
짧은 변명일 때가 더 많았다.
그럴듯하게 서술하던 변명들은
항상 뒤늦게 탈이 났다.

청 춘

靑春 : 새싹이 파랗게 돋아나는 봄철이라는 뜻으로, 십 대 후반에서 이십 대에 걸치는 인생의 젊은 나이 또는 그런 시절을 이르는 말.

푸르른 봄철의 의미가 우리의 삶을 사계절로 비유한 것이라면 삶의 봄은 어디쯤일까. 나의 삶 완전한 젊음은 언제까지일까. 수많은 사람들이 입을 모아 청춘은 마음껏 아파해도 아름다운 시절이라고 말한다. 그런데 그 시절이 어디에서 그치는지를 모르겠다. 그 정의는 정말 나이에 귀결되어 십 대 후반에서 이십 대에 걸치는 삶이 서른이 되면 저물어가기 시작하는 거려나. 그때 하지 않으면 안 된다 말하는 것들은 어떤 이들의 결단이었을까.

나이 육십이 넘어간 우리 아빠는 청춘이 어디였을까. 여전히 마음 한편에 푸른 봄의 웃음을 짓는 여든 넘은 할머니의 청춘은 어디였을까.

여전히 나는 내가 어디쯤을 지나는지 모르겠으나 낡아가는 것들 중에서도 푸른빛을 하고 반짝이는 것들이 있다고 믿고 싶다. 시간은 무심히 흐르고 흘러간 시절은 결국 저만치가 될 테고, 슬프게도 모든 사람들이 같은 모습으로 바라봐주지 않겠지. 그저 모든 아픔을 감당하라는 무턱댄 다짐은 소리치기 어렵겠지만, 지금 이 순간에도 유유히 흘러가고 있는 내 인생의 가장 젊은 오늘을 한껏 청춘이라 즐겨야겠다.

불안의 수심

 불안을 머금은 새벽은 아무리 헤엄쳐도 제자리다. 부정적 생각이 습관이 된 이에겐 일상의 때마다 두려움의 방패가 기본으로 장착되어 있고, 빠져나올 흐름을 잡지 못하는 게 대부분이다. 더 늦기 전에 눈을 감거나 무언가를 듣거나 보는 것이라도 하면서 최대한 그 수심에서 빠져나와야 하지만, 이미 생각이 시작됐다면 삶은 늘 내가 생각했던 불안만큼 흘러가지 않는다는 것을 기억하자. 무엇이든 경험하기 이전에 맴돌던 생각은 의미가 없다. 안 될 것도 되는 경우를 살아가면서 꽤 봐온 우리는 생각의 늪에서 벗어나면 또 다른 답을 찾기도 한다. 걱정을 도피처라 여기지 않고 감정 자체의 다른 면을 봐야 한다. 고달파도 내 삶이다. 더 늦기 전에 눈을 감거나 무언가를 듣거나 보면서 단순한 것을 하면서 최대한 서둘러 그 수심에서 빠져나와야 한다.

어리숙했던 작별

한때 함께했던 이와 가치관이나 대화의 흐름, 성격이 나와 맞지 않으면 가차 없이 돌아서기도 했다. 마치 누군가 나의 심기를 건드렸다는 듯이 헤어짐을 무릅쓰던 시절이 있었다. 지나고 나서 문득 돌이켜 보니 나도 모르게 실수했구나 싶을 때도 있고, 별 의미 없던 나의 말과 행동이 상대에게는 꽤 불편했을지도 모르겠다 싶은 순간이 온다.

다가오지 말라며 몸을 부풀리던 시절은 이제 다 지나가고, 가끔 이전의 행동과 말을 번복하기도 하며 예전이었다면 이해하지 못했을 것들을 이해하기 시작했을 때, 지나간 인연에 대해 다시 생각해 본다. 저마다 일일이 다 견줄 수 없었던 사정과 그 사람이 왜 그렇게 행동하고 말했었는지에 대한 이해의 범위가 넓어지면서 나는 조금 더 많은 것을 수용할 줄 알고, 넘길 수 있게 됐다.

왠지 모르게 누군가가 거슬린다면, 저 사람 역시 나를 견디고 있었을지도 모른다는 생각이 든다. 혼자만 인내한다고 여겼기에 더 외로웠었나 보다. 다들 말을 하지 않았을 뿐. 이 관계가 무참히 부서지지 않도록 우리 모두는 나름 조금씩 서로를 인내하고 있었을지도 모르겠다.

관계가 무너지지 않도록 지탱하는 일은 서로의 모든 것을 이해할 수 없대도 존중할 수 있던 태도가 아닐까. 더는 투정 어린 맺고 끊음을 하지 않는다. 만약 내가 조금 더 이해했더라면 조금 더 인내를 가졌다면 더 많은 우리를 지킬 수 있었지 않았을까.

저는 제가 좋아요

나는 나의 어떤 점을 사랑하고 있을까.

때때로 나는 나를 사랑한다 말하고도, 한없이 모자란 인간처럼 생각할 때가 많았다. 결핍된 부분을 막아 가장 적당한 포장지로 둘둘 감싸 남들에게 이게 나라는 사람이라고 표현했던 적도 있었다. 끊임없이 다그치던 집을 나설 때는 버릇처럼 마음 곳곳을 말끔히 정돈했다. 감추는 게 많은 사람일수록 그 사람의 내면은 더 쉽게 비참해지고 스스로를 억압한다는 것을 알면서도 예쁘고 좋아 보이는 모습만을 보여주며 유지했다.

자존감을 높이고 나 자신을 아낄 수 있던 때도 있었지만, 그건 사회화가 되면서 마주한 증오나 애증에 의해 그토록 사랑하던 나마저도 사랑하지 못하게 될 때가 있었기에 간혹 마주한 감정에 너무 많은 나를 잃기도 했었다. 남들보다 더 마음 쓰지 못해서 내가 미워지던 때도 있고, 내 생각이 맞다 아니다를 생각하다 심적으로 지칠 때도 있지만, 나를 잃어가면서까지 지켜야 하는 건 어디에도 없다.

누군가 나에 대해 좋은 점을 말해주면 인정하기보다 반사적으로 '아니야.'하고 손사래 치는 모습들이 눈앞에 선하다. 생각해 보니 그런 모습들이 나의 본모습이 아닌 만들어진 모습이라 여겼었던 것 같다. 스스로 모자라다 생각하는 모습을 들키면 금세 나에 대한 칭찬도, 기대했던 모습들마저 저버리게 된 것 같았으니까. 괜히 스스로에게 잣대를 두었던 것 같다.

실수하거나 틈이 있는 사람은 사랑받을 자격이 없는 것도 아닌데 나를 바라보는 규정이 가장 엄격한 것은 아니었을까 생각해본다. 누군가에게 사랑받고 싶은 마음을 내게로 돌린 것은 그리 오래되지 않았다.

하고픈 것 많아 들뜬 마음이 가득한 나. 작은 것에도 웃어버릴 줄 아는 나. 울컥하는 감정을 숨기지 못하는 울보 기질. 실컷 울고서 다시 긍정을 모색해 보는 나. 길을 가다 몇 분마다 멈춰서 하늘 사진을 찍는 나. 남들은 그냥 지나치는 것에도 몇분씩 머무르는 나. 모든 걸 사랑하지 않아 구분할 줄 아는 나. 좋아하는 것에 고집스러운 나. 나쁜 말은 못 해서 늘 말에 유약한 나. 마음 담은 존재들에게만은 솔직할 줄 아는 나. 텅 비어있는 나. 그럴듯하게 만들어진 기분으로 행동하는 나. 화를 주체하지 못해 울음을 택하는 나. 무기력한 날 침대 밖으로 한 발짝도 움직이지 않는 나. 감정에 지배되어 전화가 오는 휴대폰을 뒤집는 나도.

 그 모든 '나'를 인정하고 이해할 수밖에 없는 나. 사랑할 이유를 찾아야지만 사랑한다는 건 말이 성립되지 않는다. 누군가의 물음에 '저는 제가 좋아요'하고 답할 수 있을 때까지 부지런히 사랑해야 한다. 나는 나여서. 그럼에도 불구하고 나는 끝끝내 나를 사랑해야 한다.

나를 잃어가면서까지 지켜야 하는 건
어디에도 없다

충분히 아파하기

마음을 돌보려면 때마다 밥을 삼키고 잠을 푹 자고 햇빛을 보러 나가야 한다고들 한다. 그렇게 몇 바퀴의 밤을 지났는데도 마음 불편한 어제의 연장선처럼 느껴질 때가 있다. 왜 더 나아지지 않는 걸까 얼마나 더 지나야 나아지는 걸까 괜찮아질 때를 기다리지만, 그날은 좀처럼 쉽게 오지 않는 것 같다면 생각을 달리해야 한다.

몸이 다치면 곧바로 고통이 느껴지고 보이기에 우리는 병원에 가서 치료를 하거나 수술을 할 수 있지만, 마음은 보이지 않는 곳까지도 애쓰느라 곪고 쌓이기에 수술을 할 수도 없다. 마음은 오히려 더 재활할 시간이 많이 필요하다. 그래서 그 모든 것이 괜찮아지기까지 더 오래 걸린다.

괜찮아지기로 마음먹는다고 당장 괜찮아질 수 없고, 곧바로 나아질 수가 없다. 외면하고, 보이지 않는 뒷면에 툭 던져두고서 다 괜찮다고 할 게 아니라 나의 감정을 솔직하게 직면하고 솔직하게 표현할 줄 알아야 한다.

 더 나아갈 방향을 결정하는 일은 틈틈이 쉬어간 후에 해야 더 자유로워질 수 있다. 무엇보다 감정에 진실하기. 아파진다면 충분히 아파하기. 보이지 않는 그 너머의 마음까지 알아채고 달래다 보면 우리는 서서히 괜찮아진다.

생채기

사람들은 때론 아무 이유 없이 미워할 거리를 찾아다닌다. 그냥 누군가에게 생채기를 내고 싶어 해. 그러니까 그 사람이 왜 나를 그렇게나 미워하는지 그 이유를 스스로 찾을 필요는 없다. 굳이 알려고 하지 않아도 된다. 고작 몇 해가 지나면 얼굴도 기억나지 않을 타인들의 순간 앞에서 무너지지 말자.

언니

　언니의 나이는 열세 살이었고, 나는 열하나였다. 우리는 어릴 때부터 투닥거리던 두 살 차이의 자매였고, 집에서 언니는 늘 유쾌하게 웃을 줄 알고 내게 질투를 하다가도 쉽게 양보하고 유독 엄마를 좋아하던 첫째 딸이었다.

　아직도 그때가 선명하게 생각난다. 그렇게 환히 웃던 언니의 표정이 저물어가던 시점을. 같이 하교를 하기 위해 언니 반을 찾아간 시점으로부터 알게 됐다. 책가방을 매고 자신의 자리를 정리하고 있던 언니에게 어떤 남자아이가 언니의 책가방을 발로 차면서 욕을 하고 있었다. 가장 충격적인 모습은 고개를 떨구고 그 괴롭힘을 당연한 듯 받아들이며 가만히 있던 언니의 모습이었다.

어린 날의 나는 무서울 게 없던 아이였을까. 그대로 언니를 괴롭히던 남자아이에게 달려들어 왜 우리 언니를 괴롭히냐며 맞섰다. 그때 그 반의 분위기가 여실히 기억난다. 누구도 그만하라 하는 이 없이 웃고 그 상황을 즐기고 있었던 분위기를.

　어렸던 나는 언니의 태도가 답답했다. 왜 가만히 있었는지, 왜 하지 말라고 더 소리 높여 말하지 않았는지, 선생님이나 어른들에게 도움을 청하지 않았는지, 왜 집에서 티 내지 않았었는지. 내가 더 화가 나서 언니에게 퍼부었던 말이었다.

　언니는 울지도 않고 말했다. 어차피 그 아이들은 내가 하지 말라고 아무리 말해도 자신의 반응을 더 즐기기만 할 아이들이라고. 그 아이들은 장난으로 쉽게 죽으라는 말을 남발하고, 웃으면 웃어서 울면 울어서 자신의 그 어떤 행동도 웃음거리로 받아들인다고. 그런데 그렇게 힘들었던 날 엄마가 저녁에 꼬옥 안아주면서 오늘은 내가 좋아하는 음식을 해준다고 말했던 게 너무 슬펐다고. 되려 엄마가 알면 속상해하고 충격받을까 봐. 전학 온 지 얼마 되지 않았던 우리가 다시 또 이사를 가야 할 까봐, 그냥 참았다고.

언니는 세상에서 엄마를 가장 좋아하는 사람이라서 엄마가 알기를 원치 않았다. 나는 때때로 언니가 너무 이해가지 않았었지만, 내가 할 수 있는 게 무엇일까 생각해 보다 그때부터 언니를 함부로 대하는 사람들에게 어떤 행동을 해서라도 내가 맞서야겠다는 생각을 했었다.

어린 날의 나는 그게 그나마 내가 할 수 있는 거라고 생각했다. 당시 언니의 담임선생님께 찾아가 상황에 대한 설명을 했지만, 그때뿐이었다. 그저 아이들의 장난처럼. 바쁜 어른들은 섬세히 살펴주지 않았다. 언니가 졸업하기까지 나는 틈만 나면 언니의 반을 찾아가곤 했다.

어린 시절에 언니는 집에 와서 소리 내어 울지 않았다. 그저 문을 닫았다. 아마 보이는 곳에서 운 적이 없었을 거다. 어쩌면 울 데가 없었을 거다.

이후 언니가 초등학교를 졸업하고 중학교에 가고 고등학교를 갈 때까지 그 괴롭힘의 여파는 이어졌다. 언니를 알던 사람들은 꾸준히 그때의 상처를 끄집어냈고, 조금이라도 자신의 존재를 드러내면 그날과 엇비슷한 말들이 난무했다. 언니는 사람들의 말이나 시선을 무서워하는 사람이 되었고, 그렇게 스스로를 고립시키고 지워 없는 사람처럼 지내기 시작했다. 한동안 언니가 같은 반 아이들과 가장 잘 지낼 수 있는 방법은 가장 조용하게 지내는 일이었다.

언니는 스물을 넘어서서 어두운 방 안에서 빠져나왔다. 대학을 가서 사람들과 대면하는 그 모든 행위를 어려워했다. 사람들과 마주하고, 대화를 하고, 함께하는 일이 익숙해지지 않는 곤욕처럼 느껴졌다. 그래도 그곳에서 만난 몇몇 친구들이 있었고, 낯선 관계들을 이어 나가는 일이 서툴렀지만, 언니는 최선을 다했다.

언니의 나이는 올해 서른이 되었다. 그 당시 언니를 괴롭혔던 아이들도 저마다의 서른을 살아가고 있겠지. 세상이 참 불공평하다 싶었다. 누군가는 한때의 기억으로 작은 것도 곱절로 고통스럽게 살아왔는데 누군가는 그런 일이 있었다는 것조차 다 잊고 잘 살아가고 있을 생각을 하니 삶이 참 짓궂다고 생각했다.

　성공하는 게 가장 복수라거나 트라우마를 이겨내는 건 직면하고 맞서는 방법이라며 더 나은 삶을 살아가려 발버둥 치지 않았다는 말들이 난무할 때마다 나는 언니가 아플까 걱정이었다. 모두 이겨내기를 바라며 뱉은 말이었겠지만, 억지로 봉합한 상처는 치유된 것처럼 가면을 쓸 뿐, 사라지지 않는다.

　언니는 꾸준히 용기 내어 몇 해 전부터 자기와 맞는 회사를 만나 일을 시작했고, 남들처럼 월급을 받고, 일찍 일어나고, 피곤에 찌들어 잠들기 시작했다. 언니는 이제는 더 이상 그 시간에 머물고 싶지 않다고 말한다. 과거를 탓하기엔 현재가 더 나아지는 게 없고, 여전히 낯선 누군가를 마주하는 일은 두렵고, 그 흔한 여행을 가는 일도 어려웠지만 곁에 있는 이들의 손을 잡고 부단히도 세상 밖을 나가려 애쓰고 있다.

타인이 던진 어떠한 말들은 어떤 식으로든 영향을 준다. 트라우마를 안고 사는 일은 그 누구보다 더 꾸준한 용기가 필요했다. 지치는 건 쉬운 일이었고 외면하던 것을 마주 보는 일은 어렵지만 해야만 하는 일이었다. 그 상황이 이리 오래 어려운 줄은 몰랐지만.

언니는 이제 괜찮다고 말한다.
그리고 이제 잘 웃는다.
나는 그게 가장 다행이다.

무른 어른

 무른 마음으로 살아가는 이에게 너는 다 컸으니 견딜 줄 알아야지 하는 무턱댄 말들이 난무한다. 꼬마 아이를 성인이 힘주어 밀면 넘어지는 게 당연하고, 넘어진 아이를 일으켜줄 사람이 많은 반면, 어엿한 우린 누군가가 밀쳤다고 해서 쓰러지지 않을 정도의 힘을 가져야 했다. 넘어진 후에는 매번 일으켜 세워줄 누군가가 존재하지 않으니까. 우는 어른을 달래주는 것은 한두 번의 타인일 수 있으나 이후엔 스스로 해야 하는 일이 된다. 어른답게 행동해. 스스로 성숙하게 살아가려 애쓰던 시간들과 삼켜낸 감정들이 괜찮다는 말 위에 쌓인다. 나이와 상황들은 억지로 태도를 취하게 만들기도 한다. 어느덧 터트리지 못한 먹먹함이 모여 나는 무른 어른이 되었다. 거듭 울음을 삼켜야 한다. 약해지지 않아야 하니까. 울면 약해진다.

그 추위를 이겨내고도 봄이 오고 꽃이 피는데

  당신에게는 당신만의 때가, 나에게도 나만의 때가, 저기 바쁘게 걸어가는 이는 또 그만의 때가 있는 법이다. 굳이 설명을 덧붙이지 않아도 우리는 각자의 시절을 살아가기 마련이지만, 그 '때'가 언제 올지, 어떻게 다가올지를 몰라 이렇게 불안을 더 쥐고 나아지지 않는 것 같은 이 비루함을 붙잡고 스스로를 초라하게 만들었다. 평생 모아둔 돈을 쥐여준다고 그때가 내게 오는 것도 아니며 누군가를 밟고 올라서야만 그 '때'를 쟁취하는 것도 아니다. 그 '때'를 기다리지 못해서 열차의 중간에서 뛰어내리는 것도 아니다. 숨을 죽인 채 살아도 여전히 숨을 내뱉을 곳을 찾아도 결국은 그때가 온다.

끝나지 않는 겨울이 어디 있나
그 추위를 이겨내고도 봄이 오고 꽃이 피는데

행복해지는 일에
게으름 피우지 않기로 해요

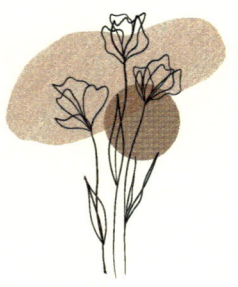

행복하기. 이게 뭐라고 그렇게 어려웠을까.

우리는 만나지 않을 수 있었다

 우린 만나지 않을 수도 있었다. 잠시 스쳐 가는 사람 정도로 지날 수도 있었다. 눈이 마주쳤대도 그때라도 시선을 거두면 그만이었다. 그런데도 불구하고 같은 시간에 하필 그 공간에서 이렇게 마주해 버렸다는 것. 우연이 반복되어 눈빛이 두어 번 더 머물고, 서로의 목소리가 섞이고, 순간이 맞물리고, 나의 계절엔 너의 이름으로 된 여름이 생겨났다. 그래. 우린 만나지 않았을 수도 있었다. 그런데 그랬다면 나는 사랑을 깨우치는 방법을 여태 제대로 알지 못했을 것이다. 사무치지 않았을 것이다. 이 사무침을 몰랐다면 나는 알지 않아도 될 감정의 이름조차 열거하지 못했을 것이다. 우리가 만나지 않았더라면 나는 누군가를 이만큼 사랑해 본 적 없었을 것이다.

우린 만나지 않았을 수도 있었다
그런데 그랬다면 나는 사랑을 깨우치는 방법을
여태 제대로 알지 못했을 것이다
사무치지 않았을 것이다

사랑에 이유를 달지 않기로 했다

 사랑하지 않으려던 것들을 이후에 필히 사랑해 버리는 모순이 반복됐다. 누군가는 자신보다 불완전한 것을 사랑하지 말라 말했지만, 왜인지 나는 나와 비슷한 어쩌면 나보다 더 약한 것에 마음이 이끌렸다. 그 사랑이 줬던 잠시의 안정감에 나는 마음을 누이고 마음속 바다를 곱게도 떠다녔다. 나와 엇비슷한 사람이 있다는 안일한 생각으로 합리화했던 순간들이 종종 나의 숨통을 트이게 했다.

 유난히 불안정하고 결핍이 있는 불완전한 것들을 사랑하고 만다. 누군가를 채워줄 수 있는 스스로에게 심취해 건넸던 마음들이 나의 밤을 더 휘청이게 만드는 줄도 모르고 나는 애정이라 여겼던 날이 숱하게 줄지었다. 더 많은 밤을 울다 보니 불완전한 것들을 사랑하지 말라던 이의 말이 생각났다. 결국 그들이 가진 결핍이라는 것은 실은 나에게 가장 유약하게 작용했던 것이다. 내가 불완전했기에 나를 채우기 위해 더 행했던 일이었다.

 곁에 오래 머물지도 않을 것들을 사랑하다 보니 어느새 마음속엔 떠나도 남겨진 것들이 무성해졌다. 그래도 나는 더 사랑하며 살기로 했다. 이 세상에 완전한 사랑이란 어디에 있을까. 설령 그런 것이 있다면 불완전한 것을 완고하다 믿고 기적이라 칭할지도 모르겠다. 결국은 다 나의 선택으로 사랑했던 것이고, 세상에 모든 이유를 나열하면서 따지고 들다 보면 정작 사랑할 것들이 사라지니까. 그래서 더는 이유를 만들지 않으려 한다.

사랑은 그 어떤 구실을 붙여도 허용되기도 하니까.
더 이상 사랑에 이유를 달지 않기로 했다.

우리는 사랑을 말해야 한다

사랑을 이루는 일은 사랑적인 감각이 빼어나야지만 잘하는 게 아니라 서로에게 얼마나 집중했고 귀를 기울이려 했던 노력에서 월등해지는 것이다. 서로에 대한 이해도나 관심의 정도가 사랑적인 감각을 두드러지게 한다.

사랑과 사랑으로 어렵게 이어져 있는 우리에게 표현은 사랑하는 동안 서로에게 행해야 할 의무가 된다. 그렇기에 중요한 건 서로에게 건네는 말이다. 당신과 있는 시간이 좋다. 지금 네가 보고 싶다. 오늘따라 네가 많이 생각난다. 당신을 사랑하고 있다. 어렵더라도 반드시 해야만 하는 말이다. 애정의 한계치는 사람마다 다르기 때문에 표현되지 않으면 알 수 없는 것투성이기에 발음할수록 거듭할수록 서로에게 단단해질 것이다.

입 밖으로 나온 문장은 삭제 버튼 하나로 손쉽게 지울 수 없고 서로의 기억 속에 남겨지기 마련이기에 우리가 뱉었던 모든 말은 우리가 사랑했음의 근거가 된다. 사랑하니까 거듭 사랑을 말해야 하고 거세게 나올 말은 몇 번의 필터를 거쳐서 순화시켜야 하고, 우리의 마음이 결코 얕지 않음을 상기시켜야 한다.

 그렇지 않으면 우리에겐 지우고 싶은 존재가 쌓이기보다 지울 수 없는 존재들이 쌓이니까. 그 누구에게도 내가 지워질 수 없는 존재가 되는 일이니까. 전하고 싶어도 전할 수 없는 날이 올 때가 되면 그 사실이 가장 슬프게 다가오기 마련이니까. 서로가 곁에 있을 때 끊임없이 사랑을 말해야 한다.

사 시 사 철

 우리는 봄이면 살랑이는 잎사귀를 보려 더 걷고, 여름이면 푸른 바다를 찾아 손을 이끌고, 가을이면 선선한 바람 따라 붉은색이 띄는 곳을 올라도 보고, 겨울엔 서로의 온기를 나누려 더 깊숙이 파고들었다. 날씨가 좋다던 당신의 말에 사랑한단 말로 답을 했다. '갑자기?' 하고 실소를 터트리는 당신에게 그냥 날씨가 좋다는 이런 핑계를 빌려 사랑한다는 말을 더 하고 싶었다고 답했다. 해가 쨍하거나, 바람이 많이 불거나, 비가 오거나 눈이 흩날려도. 그 모든 날씨에는 사랑할 구석이 있다. 우리는 날씨 따라 계절 따라 사랑할 이유를 찾아다녔다. 단조롭게 느껴지던 일들도 함께할 누군가가 있다면 소소하지만 틀림없는 행복이 되어주니까. 사시사철 사랑하고 싶다. 계절은 우리에게 기어코 사랑할 핑계를 가져다준다.

사시사철 사랑하고 싶다
계절은 우리에게 기어코 사랑할 핑계를 가져다 준다

후회 없는 사랑

내가 하는 이 사랑이 적어도 후회 없기를 바란다면, 수많은 약속이 아닌 오늘 이 순간 함께인 시간에 더없이 최선을 다하면 된다. 나중으로 미루었던 것들은 막연히 사라질 수 있고, 우리가 입으로만 뱉은 말들은 언제고 깨질 수 있다. 사랑에 '언젠가'는 존재하지 않고, 사실상 순간만 존재한다. 우리에겐 지금 이 순간이 가장 중요하다. 미룰 수 있는 사랑은 없다.

다시 보는 영화

　지나간 사람 붙잡는 거 아니다. 왜 잠을 미뤄가면서까지 그리움에 목을 매나. 같은 영화를 다시 본다 한들, 같은 결말에 또다시 울 텐데. 결국은 또 같은 이유로 헤어질 텐데.

　지나간 사랑을 기다리며 들은 그 말 앞에서 흔들려도 묵묵히 지나간 사람을 바라보는 마음은 어떤 마음이었을까 헤아려 본다. 끝을 앎에도 다시 보고 듣고 싶은 것이 누구에게나 하나쯤은 있지. 볼 때마다 울었던 그 영화가 시간이 흘러도 불현듯 떠오르는 것처럼. 몸에 해로운 걸 알면서도 삼켰던 날처럼. 감정에 체해 몇 날 며칠을 울게 만들던 그 사람과의 지난 계절을 다시 맞이하고 싶은 것처럼. 누구에게나 두고두고 다시 틀고 싶은 영화가 하나쯤은 있지.

낡아가는 것들 중 반짝이는 것

이따금 세상이 나와 같은 예정표대로 돌아가지 않는다는 것을 잊곤 한다. 모든 것들은 조금씩 소모되거나 잃어가거나 죽어가는 것을 알지만, 잠깐 잠깐의 볕이 들고, 모자란 부분을 비춰주고, 작은 격려로 힘을 얻기도 한다면 다시 살아나지 않을까 하는 착각으로. 차츰 낡아가는 것들 중에서도 반짝이는 것이 있다고. 나는 그것이 사랑이라 믿는다.

사 랑

   억수 같은 비가 내렸던 날에 한 치의 고민도 하지 않고 빗속으로 우산도 없이 뛰어들 수 있었던 이유는 아무리 부정하고 생각해도 단 하나, 무모하게 시작되는 걸 알아도 나의 대책 없는 이 낭만을 함께 거닐어 줄 두려움도 넘겨 버릴 용기를 가지게 만들어 주는 존재. 사랑뿐이었지.

상실을 붙들고
　　　사랑을 말하기 전에

　존재의 부재를 실감할 때면 내 마음속에 얼마나 많은 사랑이 실재했었는지 알게 된다. 살아가다 보면 마주하기만 해도 가슴이 저릿해지는 존재도 있는 반면 지금 당장 사라져도 그리 아플 것 같지 않은 존재도 있다. 이는 부재를 겪어보지 않은 상태에서 느끼는 오만한 감정이다. 이미 곁에 존재하는 것에 무심해지는 순간, 그 순간을 눈치챘을 땐 이미 이별은 한 치 앞에 와 있다. 그것에 속아 지겨움을 떠나버린 후에야 부재를 실감하고 상실을 겪고 그제야 내 생각보다 더 많이 남겨졌던 사랑을 알아채게 된다.

사랑의 어리석음은 당연함과 권태로움에 있다. 상실로 인해 사랑을 깨달아 버리기 전에. 상실을 붙들고 사랑을 말하기 전에. 우리는 곁에 있는 서로에게 조금 더 다정할 필요가 있다. 서로에게 조금 더 마음에 힘주어 최선을 다할 필요가 있다.

외로움이 사랑이 되어선 안 된다

 간혹 '연애'라는 의미가 겨우 사랑하고 있다는 증표쯤으로 여기는 이들이 있다. 누군가를 간절히 마음에 담지도 못했으면서 사랑한다고 말하는 상대의 손을 잡는다. 더 깊어지는 마음 없이 상대의 모든 마음을 애태우면서까지 하는 병든 연애를 하는 이들. 어설픈 마음은 끝내 상처로 낙하한다. 피어나는 마음 없이 시작된 연애는 실은 사랑 엇비슷하게 닮은 유사한 감정을 나눌 누군가를 곁에 두고 싶다는 욕심이다. 외로움에 잠식되어 더듬을 누군가를 찾아선 안 된다. 그 과정은 결국 관계를 끝내 파멸시키는 지름길이자 그 끝에 남은 이전보다 더 크게 다가온 공허함은 그런 관계를 이끈 자에게 주어진 쓰디쓴 대가가 된다. 외로움이 사랑이 되어선 안 된다.

사랑의 유의미

  사랑은 이익으로 따지자면 그리 크지 않은 일이다. 자신의 마음을 소모함과 동시에 돈과 시간마저 쓰는 행위이니까. 누군가를 사랑하는 시간이 차곡차곡 쌓였다가 언젠가 올 이별로 인해 그 시간이 다 무용지물이 되는 순간이 숱한 것을 봐선 어쩌면 사랑을 하지 않는 것이 도움이 되는 것 같으나, 유독 무의미하다고 여겨졌던 일들이 사랑 앞에서 유의미로 바뀌는 이 행위가 좋다.

  사랑만이 지닌 고유의 특별함이 있다. 손으로 쥘 순 없지만, 스스로 하지 않았던 말과 행동을 가능케 한다. 누군가에게만 한껏 다정해지는 면모가 있다. 귀찮아졌던 일들이 수월해지고 월요일의 피곤함마저 가시게 만들며, 자주 올려다보지 않았던 하늘도 몇 초쯤은 더 빤히 쳐다보게 만드는 낭만을 지녔다. 목소리만으로도 종일의 고단함을 알아채고 품을 내어 위로를 나눠 먹기도 한다.

삶을 살아가면서 유독 사랑에는 쉼도 함께 공존한다고 생각됐다. 일상 중 가장 큰 파동이 되어 어떤 날은 슬픔이 되기도 하지만, 어떤 날은 슬픔마저 극복할 기쁨을 내어주기도 한다. 내리는 비에 하나의 우산을 나눠 쓰고 한쪽 어깨가 잔뜩 젖어도 웃음이 남고, 스스로 달갑지 않은 부분을 기껍게 바라봐주는 이 덕분에 조금 더 나다워질 수도 있고, 잘 자라며 밤에는 사랑스러운 인사로 가장 따뜻한 이불을 덮어준다.

　사랑하는 존재에게 더 나은 사람이 되고 싶게 만드는 사랑은 이쯤이면 유의미하다. 이 글을 쓰는 와중에 무의미함이란 사라졌다. 사랑이 전부가 될 순 없겠지만, 삶의 침몰 앞에서 나를 살리는 건 가끔 사랑이기도 했다

사랑이 전부가 될 순 없겠지만
삶의 침묵 앞에서 나를 살리는건
가끔 사랑이기도 했다

사랑은 사랑인지라

 혹여나 아주 연약한 모습을 보이게 되더라도 걱정 마. 네가 살아가면서 잔뜩 웅크리고 있는 날이 온다면 내가 줄 수 있는 가장 큰마음으로 채워줄게. 꼭 끌어안고 내가 곁에 있겠다고 몇 번이고 얘기할래. 나만은 너를 가장 크게 만들어줄게. 기왕이면 너의 공허함 저 기저에서도 내가 서성일 수 있기를 바란다. 조금 어설프더라도, 이래저래 삐뚤빼뚤해 보여도 사랑은 사랑인지라. 당신과 무수한 순간들의 힘을 빌려 사랑이나 마음껏 하고 말래.

삶의 모순

피고 지고 다시 계절을 걸쳐서
다시 봉우리가 튼다.
사랑하고 헤어지고
다시 또 사랑을 시작하는 것처럼.
시작하는 일들은
결국 끝을 맺고 또 그 끝은
시작을 알리는 일이다.

너의 불안까지도

 너도 한 번쯤은 누군가에게 지독하게 사랑받았던 때가 있었다는 것쯤은 기억하며 살아가. 너의 무기력까지도 사랑했던 사람이 있었다는 것을. 너의 불안까지도 사랑했던 사람이 있었다는 것을. 너는 충분히 그런 사랑을 받을 만한 사람이었다는 것을. 네 삶 곳곳엔 너를 사랑해 주던 사람들이 있었다는 것을 기억해. 기어이 행복해져.

여름 꽃

누구도 피어나라 하지 않아도 마음대로 담벼락을 넘어온 붉은 꽃이 그 여름의 전부가 되기도 하지요. 세차게 내려대는 장맛비에 혹여나 꺾이진 않을까 자주 들여다보곤 했지요. 내 마음의 벽을 마음대로 흐드러지게 넘어오던 이를 사랑했던 여름이었지요.

빈 편지

  말만으로는 마음이 다 표현되지 않아서 펜을 든 순간이 많았지. 보고 싶다는 말로 시작해서 그립다는 마침표를 찍고서 사랑한다는 말만 묵인했었지. 이미 매듭지어져 덧붙일 말들은 자꾸 쌓여갔지. 책에 수록될 수 없는 이야기는 끝났어도 그 뒤로 하염없이 슬픔이 줄지었지. 구겨진 편지 속에서만 덩그러니 놓여 닿지 못해 사라지는 말들은 이제 애써 펼쳐보지 않으면 그 누구도 알 수 없지.

언제나 오고 마는 사랑은 없다

젊은 날엔 젊음을 모르고
사랑할 땐 사랑이 보이지 않았네
하지만 이제 생각해보니
우린 젊고 서로 사랑을 했구나

　흘러간 옛 노래를 듣다 보니 가사가 귓가에 머물렀다. 한때 사랑은 어느 때나 나에게 찾아오는 것이라 생각할 때가 있었다. 어린 날의 나는 어떤 감정이 사랑인지 쉽게 구분 짓지 못할 때가 많았다. 내게 다가왔을 때 움켜쥘 수 있을지에 대해 고민하다 사랑이 일어났는지도 모를 만큼 모호하게 지나갔던 마음들은 어떻게 이해해야 하며 사랑이 되지 못하고 흘러간 구슬픈 마음으로 어려워했던 지난날의 나.

구체적인 사랑에 대해 생각해 본 것은 사계절을 함께한 사람과의 헤어짐 이후였다. 그리고 마음 다해 사랑했던 누군가와 최량을 다할 수 있던 마음이 그리워진 오늘날의 나는 이제 사랑에 대해 열변을 토할 수 있던 당신과 만날 수 없음을 안다.

언제나 오고 마는 사랑은 없었다. 언제 떠날지 모를 사랑을 쥐는 일은 어깨를 나란히 하고 걸을 수 있을 때 내가 얼마나 소중함을 노력해서 아는가가 중요할 뿐. 못나고 어리숙한 문장들이 난무했던 모든 걸 최선을 다해 사랑하지 못했던 지난날의 후회가 모인 지금. 사랑이 무엇인가를 이제는 알 것 같은 지금.

나는 얼마나 많은 서로를 지키지 못했는가.

젊은 날엔 젊음을 모르고
사랑할 땐 사랑이 보이지 않았네
하지만 이제 생각해 보니
우린 젊고 서로 사랑을 했구나

존재 그 자체

유튜버 침착맨의 한 영상에서는 연애는 '나'와 '너' 그리고 '내 머릿속에 기대하는 너'의 삼각관계라 말한다. 헤어지는 이유 중 가장 결정적인 이유는 상대를 소유하려는 욕구가 더 앞섰을 때, 내가 바라던 기대치 때문이다. 실제의 '너'와 '내가 기대하는 너'의 괴리가 크다면 관계에 마침표를 찍기에 더할 나위 없이 타당한 이유를 제시한다.

속으로 했던 수많은 지레짐작과 기대 등은 그렇지 않은 상대에게 쉽게 실망하거나 바랐던 만큼 기대를 충족해 주지 못해서 서운해하고, 속상함이 쌓이면서 부정적인 감정이 섞여 결국 마음의 가치를 떨어트린다. 이는 내가 기대한 존재에게 지나친 의미 부여를 하고 그로 인해 나의 욕망을 이루려 했던 욕심일 뿐이다.

 상대의 모습 있는 그대로를 받아들이기 위해선 내가 여태 살아온 경험에 의한 잣대를 다시 되짚어 볼 필요가 있다. 오로지 나의 상황과 경험으로 생긴 잣대를 상대에게 투영하고픈 욕심은 줄이는 게 맞다. 결국 사랑은 서로의 적절한 기대치에 기준을 맞춰가며 기꺼이 받아들이고 포용하는 일이다. 연애도 곧 인간관계이므로 누군가를 오로지 받아들이기 위해선 상호 간의 노력과 소통이 필수적이다. 서로의 본연의 생각을 털어두고 끊임없이 맞춰나가야 한다.

 살아가면서 소통되지 않음에 대한 통증이 얼마나 컸는가. 자신이 무엇이 필요한지도 모르면서 막연히 상대가 나의 허함을 채워주기만을 바라는 건 가장 어설픈 고통을 준다. 충분한 대화로 서로의 기대를 버리는 과정과 있는 그대로를 서서히 인정하는 과정을 생략하거나 최선을 다

하지 않는다면 바라는 것이 많아지는 본인은 영영 외로울 수밖에 없다. 사랑은 환상만 있는 것이 아니라 서로의 환상을 적절히 섞는 일이다. 존재를 그 자체로 바라보는 것. 그것만이 가장 크게 포용할 수 있는 사랑이지 않을까 싶다.

남겨진 우리

'오늘 비 오는데 다음에 만날래?'

한 달에 한두 번 만날 수 있었던 거리의 연인. 비가 와 다음을 기약하자는 한 사람의 말에 다른 한 사람은 속상해진다. 사랑은 자주 게으름을 이기고 부지런함을 일궈내는 일인데 누군가는 내리는 비를 핑계로 며칠의 만남을 뒤로 밀었을 뿐이겠지만, 누군가에게는 마음을 관측하는 정도가 된다.

사랑이 더 큰 사람은 속상함을 무릅쓰고 한 사람이 있는 곳으로 달려갈 수도 있겠지만, 이제는 남은 사랑보다 속상함이 비등해졌기에 발걸음을 머뭇댄다.

보고 싶었다면, 비가 내린다는 핑곗거리가 생각나지 않고, 만나서 갈 수 있는 실내 데이트를 검색하며 기차에 올랐을 수 있겠지만, 더는 간절해하지 않는 그 사람의 마음에 쉽게 서운해진 사람은 마음을 한 겹 접는다.

 지금이 아니더라도 언제든 만날 수 있다고 생각하는 관계. 핑계가 늘수록 사라지는 허황된 기대. 미뤄진 관계는 자신도 모르는 사이에 생긴 틈 사이로 균열이 조금씩 생기고 있다. 마음을 접어가기까지 이 약속만이 영향이 있진 않을 터. 형식적인 대화들이, 줄어든 표현들이, 서운함만 오가는 감정들이. 이대로 만나지 않아도 꽤 괜찮은 하루들이 우리를 멀어지게 하고 있는 걸까. 마지막을 예감하기 턱없이 좋은, 갈 곳 잃은 마음들이 쌓인다. 우리는 이별을 유예하고 있는 걸까.

아픈 사랑이었을 뿐이다

　누군가로 인해 피어나고 질 때까지 하루치의 눈물 속에서도 갖가지 환희와 절망들이 뒤섞여 울음에 속절없이 휘청이게 만들었던 이가 있었다면, 허물어지는 마음 틈 사이로 당신을 그토록 아프게 했던 사랑을 억지로 좋은 기억으로 해석하지 않아도 된다. 그렇게 예쁜 기억만은 아니었다면 그저 아픈 사랑이었을 뿐이다.

사랑하는 재주

 사랑한다는 말이 너무 아득하게 느껴져서 사랑을 또 다른 말로 그려낼 때가 있다. 꼭 사랑이라 발음하지 않아도 묵묵히 사랑하고 있다는 태도가 엿보이는 행동들이 좋다.

 먹고 싶다 했던 음식을 해주는 일이나, 산책을 가자는 말이나, 아픈 곳은 없는지 물어봐 주는 물음이나, 문득 자신이 있는 곳 풍경 사진을 보내준다거나, 먹고서 맛있었던 식당에 다음에 같이 가자는 말이나, 고요히 잠든 이가 깰까 티비 소리를 줄여두고, 장을 보러 간 마트에서 자신의 것보다 상대가 좋아하는 것들을 더 많이 사고, 서로를 웃기기 위해 짓던 우스꽝스러운 표정이나, 잠들기 전 부드럽게 쓸어주는 손가락 빗 같은 거. 무엇보다도 서로의 습관을 알고 늘 서로를 생각하고 있다는 태도. 어쩌면 당장의 사랑한다는 말 보다 더 섬세하게 서로를 곧바로 안아줄 수 있는 몸짓들이다.

다정한 이와의 기억을 품에 안고 누우면 그 말들을 자랑삼아 한겨울에도 온기가 나의 이불 위로 가지런히 쏟아진다. 내가 아는 사랑의 종류가 이렇게나 많다고 너스레를 떨며 지겹게도 사랑하는 재주를 부린다.

잘 보내주는 일

 누군가를 너무 사랑하다 보면 가슴과 이성을 아무리 뒤섞어봐도 사랑만이 정답인 것 같다는 생각이 들 때 무엇도 놓지 못하는 나를 발견하곤 하는데. 관계에 지나치게 몰입하면 스스로의 시야가 좁아지기에 누군가를 사랑하기 전부터 차근차근 마음 한구석에 자신의 마음에 충실할 수 있는 시간과 공간을 만들어 두는 것이 중요하다.

 말투 하나 눈빛 하나 작은 행동 하나하나에 의미를 부여했던 모든 순간은 끝내 부질없게 사라진다. 연연할수록 스스로가 더 예민해질 뿐이고, 감정에 가려져 이성이 통제되지 않아 생각하지 못했던 말이 나오기 쉽고 관계는 더욱 악화되기 마련이었다.

"세상엔 다 말하지 못한 저마다의 이유가 있는 법이야.
이제 나는 더 머무르지 않고 원래 가던 곳으로 나아갈래."

 그렇게 자연히 보내주는 것도 스스로 성숙해지는 경험이 된다. 내 인생에서 절대 놓치면 안 될 것 같아서 붙잡았던 관계를 내 마음으로부터 서서히 놓아주게 될 때 거기서 깨달음을 느낄 때가 있다. 당장은 어색하고 낯설고 불편하고 보고 싶더라도 지나고 보면 자연스레 놓아야 했던 관계였다는 것을 알게 될 것이다. 애당초 내 것이 아니었다고 생각하자.

 상대방의 반응은 상대방에게 맡기기. 내가 할 만큼만 하고 어떻게 받아들이는 가는 상대의 몫. 남긴 마음에 호흡을 가다듬는 일은 각자의 몫이다. 이걸 인정하게 되면 마음은 조금 더 편해진다.

 그러다 아주 혹여나 아무도 남지 않으면 어쩌지. 남들이 말하는 아집으로 똘똘 뭉쳐진 내가 될까 두렵기도 하겠지만, 놓아주는 게 지금의 나를 구하는 길이 아닐까 생각해 보자. 과정은 힘들고 아프지만, 결국은 그런 결정을 할 수 있었던 스스로에게 고마워할 순간이 올 거라 믿는다.

서툴렀던 지난 사랑은 더 건강한 사랑을 하기 위해 더 어설프지 않게 서로가 서로에게 배우는 과정이 되어준다. 그렇기에 또다시 마지막인 듯 다가온 사랑에 최선을 다하면 된다.

이 사랑의 결말에서 이겨낼 것은 내가 되어야 하고,
당신은 이미 할 도리를 다했다.

당신을 사랑할 구석이 여전히 남아있다

 우린 언제나 서로에게 실망할 수도 있고, 생각하는 것보다 더 크고 작은 허점이 있을 수도 있고, 수많은 말들이 마음만큼 닿지 않을 수도 있으니 서로에게 완벽하지 않을 수도 있다. 그렇지만 나에게 한순간의 환희였다는 이유만으로 나는 너의 모자란 부분까지도 사랑할 준비를 한다. 서로에게 건넨 목소리가 어떤 날의 기쁨이었다가, 희열이었다가, 행운이었다가, 많은 것을 보이지 않게 하던 빛이 되기도 했다.

 네가 쓰는 말투가, 듣는 음악이, 표현하는 몸짓이, 어디론가 바삐 가는 그 걸음이 너의 전부가 아니라는 것을 알고 있다. 우리는 끝까지 서로를 다 모를 수도 있다는 것도. 내가 보았던 모습이 극히 일부래도 아무렴 괜찮다. 당신에게 궁금한 게 많이 남았다는 건 그저 앞으로도 사랑할 구석이 여전히 남아있다는 뜻이니까.

 삶 곳곳에 예상치 못한 난제가 때마다 쏟아져 나를 적시지만, 사랑 한번 들으면 꽤 헤쳐 나갈 힘이 생긴다. 당신을 사랑할 구석이 여전히 남아있다.

아무렴 괜찮다
당신에게 궁금한 게 많이 남았다는 건
그저 앞으로도 사랑할 구석이
여전히 남아 있다는 뜻이니까

행복해지는 일에
　게으름 피우지 않기로 해요

매 순간 그럴 순 없더라도 대체로 당신이 행복하길

흩어진 계절

 그리움에 허덕이지 않고도 여운을 그저 흘러가게 두는 일에 익숙해지는 중이다. 어제는 함께 갔던 바다를 우연히 다시 갔었는데 마주한 파도에 조금 남아있는 너를 두고 돌아왔다. 흘러간 시절을 자주 뒤돌아보지 않고 현재에 더 치중하다 보니 그마저도 흩어진 계절일 뿐이었다. 미처 품을 수 없는 것들까지 사랑하려 했으니 이젠 하나의 마음을 들일 때마다 너무 많은 소망을 품지 않기로 한다. 우린 헤어졌어야 더 잘 살아갈 수 있는 관계였다는 이 사실이 이제 슬프지만은 않다.

사랑은 갔어도 취향은 남는다

 사랑을 시작하면 한 사람의 개인적인 취향이 내 삶에 온다. 그 사람이 좋아하는 향이나 음식, 처음 듣는 음악, 본 적 없던 영화, 나는 한 번도 제대로 길러 본 적 없던 화분, 냉장고에 있는 재료만으로 요리를 뚝딱 만들어 먹는 재능, 내가 겪지 못했던 경험 같은 것을 나열하는 누군가의 삶에 깊숙이 개입하며 그 사람의 세상의 절반 이상을 알게 된다.

 실연은 내 세상을 차지하던 누군가가 다시 썰물처럼 빠져나가는 것을 의미한다. 한동안은 그 반쪽짜리 세상에서 반쪽짜리의 마음으로 살아간다. 많은 것들이 머물렀던 존재가 사라진 마음의 풍경은 거대한 빈 공간이 생겨난다. 함께였던 우리는 늘어진 테이프 속 더는 재생되지 않을 기억으로 남겨지지만, 너에게 보내고픈 하늘 사진처럼 쓰다 말았던 모든 마음들이 하나같이 다 구겨져 허울뿐인 마음이 되었다.

일상 곳곳에 여전한 습관이나 취향들을 슬프게도 더는 말끔한 차림으로 마주할 수가 없다. 그렇게 인연을 끝맺고서 남아버린 사소한 취향들이 슬프다. 아메리카노만 마셨던 사람이라 어느 길목을 걸어도 만나는 카페처럼 일상 속에서도 마주치던 취향들. 푸른색을 좋아하던 사람이라 걷다가도 색감을 얘기했던 추억은 괜히 더 푸른 것들을 찾아다니게 만들기도 하지.

사랑은 갔어도 취향은 남는다
그것들은 너무도 사소해서 아프다-

마음 뒷면

　이해하지만, 쉽게 보챘던 말들은 상대를 피곤하게 만들었고, 나는 해야 했던 말을 번복하고 삼키면서까지 기다리는 시간이 많아졌다. 네게 나의 존재가 미미해질 때마다 나는 함께이고 싶어 했지만, 정작 너에게 짐이 된 사람 같았다. 다가가기가 가장 어려워진 사람과 멀어지는 게 익숙해진 사람이 남아 헤어짐은 쉽게 입방아에 올랐다. 기다리던 시간을 벗어나 혼자가 되었대도, 나는 무언가를 간절히 기다리기도 했다. 틈틈이 많은 것을 버려갔고, 그 후로도 정말 많은 것을 잊으며 살아왔으나 그 당시 우리가 흥얼거렸던 노래가 귓가로 스며들 땐 선명하진 않지만 흐릿한 마음이 한참을 머물기도 했다. 언젠가 당신의 시간이 나한테 다시 머물 수도 있을까 하는 상상이 또다시 나의 마음 뒷면을 뒤집어 이 선선한 밤을 물들기도 한다.

헐 값

 너는 한발 남은 총을 쥔 것처럼 굴었다. 방아쇠를 당기면 끝나는 것처럼 이 사랑은 온통 부질없는 것투성이였음에도 유독 마음이 허기졌던 사람은 곁을 달아날 수 없었다. 나의 마음은 헐값이었기에. 기꺼이 너에게 총을 쥐여준 사람은 나였다.

스며드는 감정

  스며드는 감정은 지독하게 모질다. 모르는 새에 나의 일상 속을 넘나드는 존재가 어느 순간부터 커져 버려서 내가 손 쓸 수 없을 지경에 이른다. 나는 늘 준비를 했던 것 같은데 준비도 없이 다가온 존재를 감당할 재간이 없다. 후에 홀연히 돌아서 버릴 것을 짐작해도 서서히 멀어지고 있는 일도 알아채지 못하고 닥쳐온 이별에 남겨진 공허함을 앓을 일마저 빈집에서 집 나간 주인을 기다리듯 한 곳만을 응시하니 나도 모르는 새 깊어진 마음은 여운이 길어 무섭다.

구겨졌다면 펴내기라도 할 수 있지
다시 쓸 수도 없게 젖어버린 종이 같은 기억은
어디서도 써 내릴 수 없다

우리가 우리였을 때

 오래된 인연이라고 해서 그게 평생 갈 인연은 아니었고, 짧게 알았다고 해서 가볍게 스치는 인연도 아니었다.

 어떤 인연이든 때가 되면 피어나고 기한이 다 되면 사라진다. 생각해 보면 '평생'을 남발했던 때는 어린 시절뿐이었다. 어설픈 단정이 얼마나 많은 서운함과 공허를 남기는지를 알기에 이제는 쉽게 입에 올리지 않는다. 우리가 가장 가까운 사이라고 단정했던 인연들이 몇 해를 걸쳐, 지고 사라지는 것을 반복해 보니 지레짐작할 수 있다. 물론 여전히 오래된 관계를 유지하고 있는 인연도 있지만, 그 수많은 예측들이 비껴가는 삶 속에서 평생을 말할 수 있는 인연은 짐작할 수 없는 기적에 가까울 것이다.

살다 보면 잊으려 해도 여전히 잊히지 않는 기억이 있고, 언제 머물렀었나 기억에 숨어버린 인연도 있고, 떠올리는 것만으로도 머리를 움켜쥐게 하는 존재도 있을 것이다.

그 누구와도 영원할 수 없다지만, 우리 모두에게는 바람처럼 흘러와 한때 머물렀다가 추억을 남기고 지나간 인연들이 줄지어 있지 않은가. 하물며 지나가 버린 모든 것들이 잠시라도 걸음을 멈춰 마음을 뒤흔들었던 존재이다. 우리가 우리였을, 우리가 우리로 남을 수 있었던 그때처럼 비록 다른 길을 걷더라도 당신의 좋은 추억 속에 내가 있었으면 좋겠다.

너를 지났다

 미워하지만 결코 내 손으로 놓을 수 없었던 인연에 대해 생각한다. 행여나 작은 바람에도 흩어질까 싶어 어떻게든 가슴 깊숙이 담아두기만 했던 말들은 기어코 너에게 닿을 수 없었다. 그간 입 안에서 걸렸던 말들은 그대로 삼켜버리면 누구도 그 말을 알지 못할 테니 나는 미워하는 와중에도 너를 나보다 한 치 앞에 두었다. 내게는 이다지도 어려웠던 일들이 당신에겐 왜 그리 쉬웠을까. 다시 또 미워하던 무수한 순간이 많았지만, 그럼에도 그가 떠나고 혼자 읊조렸던 말들 중엔 그래도 그의 한숨을 뺀 나머지를 사랑했었다는 식의 문장도 있었다. 매번 그리워 문장 끝에 힘을 실었지만, 그토록 애틋해서 아쉬움에 휘적였던 감정들과 와르르 쏟아지던 그 그리움에 순응하며 나는 무심히도 무사히 지낸다. 나는 그리 너를 지났다.

최선을 다했던 사랑

 누군가 내게 상처를 주었대도 함께였을 때 얻는 기쁨이 더 크다면 가감 없이 많은 것들을 인내할 수 있을 거라 믿었던 시간을 지나 한때 아무리 전부였던 이였대도 가차 없이 돌아설 수 있는 담대함을 배워가는 중이다.

 줄곧 한 사람이었던 어제를 지나 떠나간 빈자리를 채우려 애쓰는 일도 하지 않기로 했다. 상실의 끝에서 힘든 건 사랑하며 다 전하지 못해 남아버린 애매모호한 아쉬움과 결국 지키지 못해 일상 도처에 나뒹구는 약속들. 행복했던 장면의 그리움들이 뒤섞여 지나간 시절에 갈증이 나는 것이다.

 저 멀리 달아나고 있는 관계를 기꺼이 붙잡지 않는 대담함과 누군가의 평안을 바랄 수 있을 만큼 사랑하는 것에 최선을 다했다면 그쯤이다 하고 놓아줄 수 있는 일.

미련 비슷하게 남겨진 불편한 감정들이 회한에 젖어 쉽게 지치지 않기를 바란다. 그리움은 너무 쉬운 일이었지만, 그것을 마주함은 어렵지만 꼭 해야 하는 일이었다. 잠깐은 어색하고 낯설겠지만, 곧 괜찮을 거라는 믿음으로 불필요한 감정들을 밀어내야 한다.

이미 우리는 그 사랑에 최선을 다했다.

이별을 가르쳐줘

이 밤을 헤치고 달려와 줄래. 내가 이 이별을 다 끝낼 때까지 몇 초라도 울먹이지 않게 어설픈 농담이라도 던져줘. 하염없이 옅은 말만 반복해도 좋으니 부질없고 우스운 단어를 퍼부어줘. 진로를 잃은 나의 새벽을 휘청이며 같이 걸어줘. 힘주어 적었었던 일련의 모든 기억들을 함께 지워줘. 아무리 삼켜도 모르겠는 이 이별을 내가 다 소화시킬 때까지만 이별을 가르쳐줘.

어떻게 하면 잊을 수 있을까요?

'어떻게 하면 잊을 수 있을까요?'라는 질문을 수도 없이 마주했다. 나도 이별엔 영 내성이 없는지라 늘 미련한 편이지만, 지금 본인을 이토록 힘겹게 만든 사람은 자고로 그만큼 열렬한 기억을 남기며 사랑했던 사람이기에 현재 본인 앞에 남겨진 기억은 그만큼 깊고 선명할 것이다.

누군가가 그토록 미워진다는 것도 한때 맹렬히 사랑했던 기억이 있기 때문이다. 유난스러운 게 아니다. 그만큼이나 사랑했던 거다. 그렇다 해서 그 사람이 평생 지워지지 않고 그리워하기만 한다는 게 아니라 잘 지내다가도 드문드문 생각나는 거다. 어디에서 잘 지내고는 있는지, 하고 싶다 했던 것을 이뤘을지 뭐 그런 거. 때때로 궁금했던 것들을 떠올리다가도 어차피 기억은 더욱 강렬한 기억에게 밀려 과거에 살아갈 수밖에 없다.

누군가를 잊는 것 말고도 이별은 마음먹어야 할 것들이 무수하다. 그래서 이토록 오랜 시간을 머금고 기억의 테두리부터 차근차근 태워질 때까지 시간이 흐르길 기다리는 수밖에 없다. 양손 가득 놓지 못했던 마음속 장면들도 다가온 여러 계절의 장면으로 끝내 자리를 내어주게 되어 있다. 그래도 겨우 내일이면 잊혀질 사랑 따위가 아니었으니까 이리 오래 걸리는 것뿐이다.

허술한 그리움

 너를 잊었다 생각하고 바삐 살았던 그 순간들은 실은 너를 얕게 묻어두고서 다 잊었다 여겼던 착각이었다. 허술하게 덮어둔 마음 모퉁이에 걸려 넘어지면 다시 마주하게 된 추억거리에 나는 또 한참을 헤맸던 거고, 나는 너를 깊게 묻을 방법을 찾아보지만, 여전히 허술하게 묻는다. 아직은 완전히 잊고 싶지 않은가 보다.

버려진 심지를 오래도 들여다 봤다

 언젠가 네가 나를 읽게 된다면 너는 단 한 번이라도 나를 다시 열망할까. 한 번쯤은 나로 인해 울어줄까. 다른 무언갈 생각할 틈도 없이 나에 대한 그리움을 세어 본 적 있을까. 언젠가 네가 그 시절만큼 어렵고 쓸쓸했던 날이 오면 내가 줬던 위로를 떠올리고, 깊은 동굴을 걸으며, 손에 쥔 게 전부였던 무언가를 빼앗긴 아이처럼 목 놓아 울었으면 한다. 영원히 마음에 남은 숙제가 되었으면 한다. 실은 전부 이해하고 싶었다. 너의 비약하고 비겁한 마음과 끝내 가닿지 못했던 그 너머의 우리마저도 이해할 수 있을 때까지 이해한다 말하고 싶었다. 살아가며 나를 잊고 살아갈 날이 더 많겠지만, 그럼에도 잊지 말아 달라 말하고 싶었다. 비릿하게 웃던 그 모든 너를 다 소화하며 다 쓰고 버려진 심지를 오래도 들여다봤다. 끝내 부질없었다.

짙은 것에 대한 그리움

 한때 열렬히 찾아 헤맸던 그 어느 곳에서도 내가 원했던 빛은 없다는 사실을 알고도 고집을 부려 사랑까지 하고 싶었다. 어떤 사람이, 어떤 순간이, 어떤 시절이 더는 존재하지 않는다는 사실을 받아들이기 위해 오랜 시간을 숨죽여 보냈다. 서로 충분했다며 이별하는 순간이 결국 부재하는 장면 속으로 묻힐 때, 잊은 줄 알았지만 불쑥 건드리는 기억들을 버려도 잊어도 자꾸 일상 속에 얽매인다. 비록 유통기한이 지난 감정일지라도 때때로 잊고 가끔은 쥐고 이따금 떠올리며 돌아가고 싶진 않은 그리움에 여운을 감당한다. 외면하고 싶을 때도 있고, 간절히 한 번쯤 마주하고 싶을 때도 있고, 이따금 울렁일 때도 있는데. 그럴 땐 잠깐 현재엔 사랑할 것이 사라진 사람처럼 굴기도 한다. 이미 지나갔지만 한때 나를 웃고 울게 했던 여운 짙은 것에 대한 그리움은 왜 버려도 잊어도 끝끝내 자꾸만 살아남는 걸까.

이미 지나갔지만
한때 나를 웃고 울게 했던
여운 짙은 것에 대한 그리움은
왜 버려도 잊어도
끝끝내 자꾸만 살아남는 걸까―

약 속

그때 우리를 뒤흔들던 말들은 무엇이었나. 평생을 남발하며 서로가 곁에 있어 줄 거라던 말 만약 그러지 못하더라도 불행하지는 말자던 말 결국은 꼭 잘 살아가자던 말들. 그때는 할 수 있고 지금은 할 수 없는 말들 무수한 약속을 나열했지만 우리에겐 그저 끝내 지켜내지 못한 말만이 남았다. 함께 나누던 그 많디많던 약속은 결국 서로에게 아무것도 증명해주지 못했다.

필름 카메라

 그 사람은 사진을 찍는 일을 했다. 늘 작은 필름 카메라를 들고 다녔고, 나는 유독 그 사람의 사진을 좋아했다. 같은 카메라를 들어도 그 사람만이 낼 수 있는 특유의 분위기가 있었다. 나는 늘 그의 사진만큼 따라가고 싶어 셔터를 눌렀지만, 같은 장소에서 찍었어도 나의 사진은 늘 어설펐고, 그의 사진은 늘 그렇듯 좋았다. 나도 그를 따라 그와의 순간을 자꾸만 기록하고 싶었지만, 내가 잘하는 거라곤 글을 최대한 사진처럼 담아내는 일뿐이었다.

 이후 나는 몇 권의 책을 집필했고, 내 이름으로 출간된 책이 책장 한편에 쌓일 만큼 글을 쓰기 시작했던 그날로부터 어엿한 7년이 흘러왔다. 이제는 빛바랜 이야기다. 여전히 기록하는 글을 업으로 삼고부터 주구장창 나열하고 싶었던 사람은 그였다. 어떤 글을 쓰고자 노트북을 두들기는 순간만 되면 그와의 계절이나 사진 속 풍경이 떠올랐다.

그가 찍었던 그 계절 특유의 분위기가 떠오르면 조금이라도 엇비슷한 풍경을 따라 종종 카메라를 들었다. 그때와 지금은 글의 테두리부터가 다르다. 어쩌면 글을 쓰고 사진을 찍는 일은 그때만 소모할 수 있는 시기가 있고, 그 타이밍을 놓치면 전부 무용한 일이 되어버리는 것이 아닐까.

그날과 오늘의 다른 점은 더는 그 사람이 곁에 없는 것이고, 그날과 같다면 나는 거듭 카메라를 들어본다는 것이다. 그간 쌓인 사진은 이제 셀 수 없을 정도가 됐다. 요즘은 이따금 사진 속에 나만의 분위기가 엿보인다는 말을 듣곤 한다. 이제는 그가 그랬던 것처럼 나름 나만의 분위기를 찾았나 보다. 그때는 유난히 어설펐던 일도 세월이 쌓이면 꾸준함의 힘을 얻는다. 시간이 오래 필요한 일은 있어도 늘 어설픈 일은 없나 보다. 어설픈 그때와 달리 나는 이제 자연스레 사랑을 말할 줄도 안다.

사는 것은 부지런히 용기내는 일

 연은 초점 없는 눈으로 사는 것은 너무 많은 용기가 필요한 일이라며 자신은 용기가 부족한 사람이라고 말했다. 그날 나는 연이 남은 날을 세며 살아가던 사람인 줄도 모르고 서둘러 속 편한 핑계 같은 위로를 건네고, 다시 또 만날 날을 기약하며 각자의 일상으로 돌아갔다. 후에 나는 연이 없는 세상에 남겨졌다.

 무턱대고 다가온 이별은 말을 잃는다. 그때 넌 작별 인사를 하러 온 것이었을까. 언젠가 꿈꾸지 않는 삶이 어쩌면 행복한 걸지도 모르겠다고 말하던 너의 말이 작심한 유언처럼 머릿속에 떠올랐다. 떠나고 나서야 그 사람의 말을 다시 되짚어보고 그때 어루만져주지 못했던 마음에 대해 후회한다. 뒤늦게 떠오른 것들은 그래서 참 부질없고 눈치가 없어 불편하고 어김없이 부끄럽다.

 연의 삶에 고민하는 시간이 더 많았더라면 끝내 희망이

라는 것을 붙들 수 있었을까. 바쁘단 핑계를 뒤로하고 주기적으로 널 찾아갈 걸 그랬다. 살아온 일련의 기억 중 가장 좋았던 순간이라도 계속 물어볼 걸 그랬다. 내가 조금이라도 더 너를 오래 잡고 있었더라면 너는 내가 아쉬워서라도 몇 계절을 더 버텼으려나. 그랬다면 겨울이 가고서 꽃 피는 봄이 보고 싶어졌으려나.

먼저 떠나간 이를 자주 생각한다는 말은 미련스러운 마음도 있겠지만, 꾸준히 잊지 않겠다는 단언이 되기도 한다. 너의 말대로 사는 것은 부지런히 용기를 내는 일이었다. 용기를 낼 때마다 나는 소멸하는 네가 아닌 너의 부재를 느끼며 살아가고 있겠지.

조금만 더 살아주지 하다가도
너의 밤이 참 쓸쓸했겠다 싶다.
초점 없던 그 표정의 뒷면엔.
어떤 것들을 버티고 있었을까 헤아려 본다.

떠나간 이가 보고 싶다.
그리움에는 한도가 없더라.

미완성

 이미 중단된 공사는 홀로 이어갈 수 없다. 홀로 남아 이런저런 의미를 해석해 봤자 중단되었다는 결과는 바뀌질 않는다. 우리가 일궈낸 마음이 딱 여기까지였구나. 미완성으로 남겨져 너는 들추지 않는 그 추억을 홀로 끊임없이 들춘다. 가끔 나는 끝내 사라질 걸 잊고서 하염없이 누군갈 염원하기도 했다.

마음만으로 되지 않는 것

 전화 한 번에, 답장 하나에 그 세상을 다 가진 기분이 들기도 해서 한때는 마음 하나면 뭐든 다 알 것 같고 견딜 수 있을 거라 생각했지. 그렇지만 그건 사실 누군가만을 보기 위해서 스스로 시야를 좁힌 것일 뿐이었다. 나의 대부분의 시간을 그 사랑에 할애했다고 해서 그 사랑을 다 지킬 수 있는 건 아니었고, 마음과 다른 행동, 예상과 다른 상대의 말의 깊이, 예측대로 흘러가지 않았던 그 모든 순간을 마음 하나로 붙들기엔 역부족이었다. 하염없이 기다려도 아무리 애써도 이미 비껴간 타이밍은 현재로 붙들 수 없는 사유가 됐다.

온 도

차가움을 사랑하게 되면 답이 없다.
온도를 잃은 사랑은
조금의 온기도 뜨거움으로 착각될 수 있으니
자신이 몇 도인지도 모른 채 힘을 잃는다.

잊어야 다음이 온다

지워야 다시 칠할 수 있고
비워야 다른 것을 채울 수 있으며
더는 사랑이 비워진 존재를 보내야
또 다른 사랑을 받을 수 있고
접을 줄 알아야
찬란히 펼칠 수 있는 다른 꿈이 온다.
그러니 잊어야 다음이 온다.

지나간 것에는 이유가 있다

 사람과 사람 사이를 아무리 이으려 해도 짧게 지어진 인연은 더 늘어지지 않고, 끊고 싶어서 거절을 거듭해도 질긴 인연은 쉽사리 끊기지 않는다. 이처럼 인과 연은 마음처럼 흘러가지 않는다. 떠날 사람은 내가 보내지 않아도 그날이 아니었대도 떠났을 사람이다. 그 모든 지나간 일과 지나간 사람엔 이유가 있다. 너무 많은 이유를 찾으려 한다거나 너무 많은 미련으로 현재를 과거처럼 살고 있다면 인연이 아니었음을 인정하고 현재로 건너와야 한다. 지나간 기억을 추억으로 남길 줄 알아야 상처의 여운이 길게 남지 않는다. 지나간 시간을 자꾸 오늘로 데려오면 그건 결국 더 아픈 열병처럼 새겨진다.

이름 모를 바다

  몇 해 전, 우린 언젠가 동해의 해안로를 따라, 기억나지 않는 이름 모를 해변을 걸은 적이 있다. 사람은 드물고 바닷물은 투명하고 갈증을 헹구려 넘기던 싸구려 커피와 서로의 간격은 좁고 사랑한다 수없이 말하던 눈과 저물어가는 노을을 기억한다. 그땐 그 해가 우리와 같을지도 모른 채, 마냥 아름답다고 했었다. 상실의 끝에는 이름 모를 바다에서 손을 내밀던 우리가 서 있었던가. 수명을 다한 듯한 사랑이 바닥나버릴 때까지 관계가 정리되어 갈 때쯤 남겨지지 않으려 거듭 힘주었던 발걸음. 마음이 무의미해질 때까지 그 장면은 하루에도 몇 번씩 나를 쥐고 흔들었고, 말없이 그날의 잔상을 더듬다 반복해서 소모되던 감정들이 간신히 가라앉고 나서야 흩어졌다.

  그날로 몇 해가 지나고 기억의 반쯤이 사라졌을 무렵, 그나마 남은 기억을 따라 나는 그곳과 유사한 곳을 홀로 찾았다. 이제는 더 나열하지 못할 기억을 가지고 나는 또 그 해변을 따라 혼자 걸어본다. 사람은 드물고 바닷물은 투명하고 갈증을 헹구려 넘기는 싸구려 커피가 있지만, 더는 없는 어느 날의 우리. 구태여 형태는 사라졌대도 전해지는 인사 같은 것들이 나의 발걸음마다 들러붙었다.

싱거운 사랑 후에 오는 공허

 어렵게 사랑하게 되었어도 조그만 장벽에도 쉽게 체념하게 된다. 꽤 열렬하게 사랑을 외쳤던 말들은 머금다 삼켜버리고 그중 가장 적당한 말을 골라 뱉는다. 괜히 내가 건넨 사랑이 후에 땅바닥에 쉽게 나뒹굴게 될까 두려워 남겨질 마음으로부터 나를 지키기 위해 후에 온 인연에게 최선의 마음 대신 부족한 사랑을 건넸다.

 시작하는 연애 앞에 '적당히'라는 말을 덧붙인 이상 마음은 쉽게 깊어질 리 없었다. 둘 중 누군가가 떠날 때 서로를 정리할 것이 거의 없었고, 당시엔 내가 아프기보다 그저 아쉬운 편이 낫다고 여겼다.

 최선을 다한 사람에게 남은 것은 최선을 다한 만큼 치열했던 아픔이었기에. 떠나간 것은 내가 암만 단단히 쥐어도 공연히 떠나갈 뿐이었기에. 사랑을 말했던 단어들이 바다으로 하강하는 모습을 가만히 보던 나는 다짐했었다. 최선을 다해 적당히 사랑해야겠다고. 감정이 과하면 탈이 난다는 것을 알기에 많이 덜어낸 감정으로 여기저기 눅눅한 사랑이 지속됐다.

하지만 싱거운 사랑이 끝나고 최선을 다하지 않은 내게 나를 지키려 새벽 동안 모아둔 어설픈 단어들이 낮이면 잠시 사라졌다 밤이면 어김없이 쏟아지길 반복했다. 괜찮지 않은 감정들이 상처받지 않으려 나를 한 겹 감싸둔 마음 위로 툭툭 쌓였다. 마음이 소멸할 것만 같았다.

최선을 다한 사람에게 남은 것은
최선을 다한 만큼 치열했던 아픔이었기에
떠나간 것은 내가 아무리 단단히 쥐어도
공연히 떠나갈 뿐이었기에

같은 취향

    서로의 취향이 같다는 것을 발견하고 환호하던 때도 있었다. 그저 같다는 이유만으로도 앞으로의 계절을 서로에게 나눠줄 기대를 하고 더 많은 것을 알고 싶어 하고 더욱 선명해지려 했다. 그리고 후에는 같았던 취향들이 남아 삶의 곳곳에 깊숙이 박혀있는 흔적에 꽤 어려운 일상을 살아야 했다. 비슷했던 점이 많았던 사람과의 인연 끝에는 갖고 있던 취향을 버리기까지의 수많은 외면만이 남았다.

서로의 불행이 되려 사랑한 건 아닐 테니

정녕 이별이라도 내가 당신 마음 한편에 걸려 다음 장으로 넘기기까지 몇 번을 망설이길 바라긴 했지만, 늦은 밤 술을 핑계로 짙은 밤을 두들기며 한껏 미련한 안부를 선사하길 바란 것은 아니었지. 끝내 서로의 것이 될 수 없었던 서로의 마음. 남겨진 모호한 감정을 등지고 서로를 만나기 전으로 제자리를 찾아가길 바랐을 뿐이다. 다시 사랑을 말하더라도 언젠가 지금보다 더 단호한 걸음으로 서로를 떠날 것이 분명하기에. 이게 우리 사이에서 할 수 있는 말의 최선이다. 잠깐의 아쉬움으로 서로를 더듬거리지 말자고. 기어이 서로의 불행이 되진 말자고.

사랑이 없는 사랑은 어디로 가야 할까

미온적으로 남은 사랑의 여운이라도 느껴보려고 밤낮으로 실패하기를 반복하지만 사랑한다고 말하고 돌아오지 않는 답에 보고 싶다는 말도 했다. 적당히를 몰라서 넘치게 건넨 밤들은 그의 마음속엔 빈 곳이 조금이었는데 그런지도 모르고 나의 이것저것을 다 쏟아버렸던 탓에 마음이 넘치고 흘러내려서 어쩌면 지저분한 얼룩만큼의 존재가 됐을지도 모른다.

더는 바라는 마음의 크기만큼 대할 수가 없다던 그 마지막 말은 좀 아프긴 했다. 닿으려 손을 뻗어도 그 언저리에 그치고 말아 어색하게 휘적이던 나의 손끝만 남은 관계. 어떤 날엔 숱하게 불러댔던 이름을 다시 발음하기가 왜 이리 어려워진 걸까. 영원을 쉽게 남발했던 그때의 계절이 왜 더는 내게 반복될 수 없는 걸까. 내가 사랑하는 이가 나를 슬프게 만드는 존재가 됐을 때, 나는 끊임없이 마음이 허름해졌다.

뭐든 시간이 지나면 저물기 마련이라지만
그것이 너였다는 게 참 슬프긴 했다

슬프다고 생각했을 때

내가 말하지 않으면 정적이 흐를 때
바라보는 눈빛이 달라졌을 때
우는 내 모습에 한숨 쉬며 발걸음이 멀어졌을 때
더는 우리를 노력하지 않을 때
함께인 시간을 지겹다고 말할 때
나만 진심이었다는 것을 깨달았을 때
서운함을 말해도 아무런 의미가 되지 못할 때
우리에게 남은 시간이 없다는 것을 깨닫고
드디어 헤어짐을 말했을 때

이별이 주는 위안

분명 여전히 곁에 있음에도 어딘가로 사라져 버린 것 같은 미묘한 이별을 느낄 때쯤, '이제 우리 잘 안 싸우잖아.'라는 너의 말을 듣고, 꽤 슬펐다. 내가 서운할 걸 참고, 바랐던 모습을 포기하면 우리 관계는 평화로워진다는 것을 느꼈다. 우리는 같은 공간에 있었지만 사뭇 다른 눈길로 바라봤고, 같은 계절을 지나지만 각각 다른 온도의 말을 뱉는다. 알았다. 내가 너에게 말을 아낄수록 너는 안도하는 이 관계. 더는 내가 곁에 있지 않아도 충분히 잘 살고 있을 것 같은 장면들이 상상된다. 이제는 내가 필요하지 않겠구나. 그럼에도 너는 잘 지내겠구나 싶을 때쯤 나는 너와 이별할 용기가 생긴다. 지나간 시간과 현재 그 사이의 격차. 그날과 오늘의 차이. 비좁은 시간의 틈새에서 나는 때때로 절망하며 살았지만, 더는 억지로 사랑받지 않아도 된다며 안도한다. 더는 슬프지만 않아도 된다는 것이 이 이별이 주는 위안이었다.

전력 질주했던 마음

 보통 사랑을 잃기 싫은 사람의 눈은 슬프다. 내내 슬픈 눈을 하고 끝내야만 하는 시간에 놓아주지 못했던 이유는 과거에 나 있는 그대로 사랑받았던 경험이 많이 없었기에 그 사람이 줬던 사랑이 유난히 크게 느껴졌기 때문이라 했다. 묵직하게 느껴졌던 사랑이 점점 비워져 갈 때, 나는 그만큼의 갈증을 그 사람만이 채워줄 수 있다고 생각했었다. 사랑한다에서 사랑했었다로 건너지 않으려 했던 무수한 노력들은 마침표로 끝날 사이를 향해서 열렬히 마음을 외쳤다. 상대에게 느낀 불확실함은 울기 좋은 빈방을 만들어 내서 때마다 울먹일 수 있게 한다. 그러다 이별을 피할 수 없을 것 같다고 깨달으면 전력을 다한다.

 비워진 나를 채워주길 바랐던 건 그때만큼 가득 받았던 사랑이었을 뿐이고, 그 사랑을 줄 수 있는 건 이제 그 사람이 아니다. 겨우내 살아와 나의 공허를 채워줄 수 있었던 건 사랑했던 그가 아닌 혼자여도 괜찮을 정도로 온전한 나였다.

괜히 비워진 자리가 어색하더라도 반복적으로 배회하고 끊임없이 추억을 거듭 더듬어야 다음으로 나아갈 수 있다. 헤어지는 건 어렵고, 사랑이 현재로 오지 못한다는 건 슬프고, 낯선 일상을 마주하는 건 두렵겠지만, 결국은 해야 하는 일이다.

사랑이 떠난 자리에

 내게 사랑하는 이에게 사랑을 말하는 일은 너무도 쉬웠고, 늘 맹목적인 사랑을 했기에 사랑 앞에 늘 치열했다. 언젠가 내가 상대를 미워하게 되더라도 그 상대에게 내가 미워지지 않기만을 간절히 바라며 내가 지금 바라는 사랑이 실패할 수 있다는 가정까지도 사랑할 준비를 하기도 했다.

 누굴 너무 사랑했거나 더는 사랑할 수 없어서 아파해봤다던가, 누군가를 잊혀내는 게 어려워 어떤 약을 먹어도 낫질 않는 유례없는 두통을 겪어봤다던가, 미련의 기준치를 넘겨봤다면 할 수 있는 건 다했으니 이제는 지나가야 할 시점이다. 보고픈 마음이 치사량을 넘었대도 굳이 넘기지도 못할 술을 더 넘기려 하지 말고, 떠난 자리에 다시 올까 매일 밤 빗자루질하던 것을 멈추고, 철 지난 흔적들을 버리고 그 공간에 새로운 꽃병이라도 두자. 사랑이 떠난 자리에 밥이라도 삼켜서 울음은 훔쳐도 나아갈 힘 정돈 가지고 살아가야지.

 선뜻 다가온 감정에 연연하더라도 달력이 넘겨질 때마다, 환절기를 겪을 때마다 꾸준히 잊어가고 있다는 사실이 위안처럼 느껴지는 내일도 온다. 어차피 과거에 살던 순간은 계속해서 흩어지는 중이고 그 잔상처럼 남겨진 기억들은 내가 되새기지 않으면 사실상 현재에 존재하지도 않는다.

모든 시작은 이별 뒤편에서

성급히 막을 내려버린 그간의 사랑이 늘 아쉬움을 동반했던 이유는 온 마음 다해 사랑했음에도 그와 더 나누고픈 추억이 계절 곳곳에 널려 있었기 때문이었다. 훗날을 약속했던 마음들은 때를 기다렸던 그 계절에 들러붙어 나를 기다리고 있었다. 그와의 시절이 내일이 아닌 막연한 어제에 존재한다는 걸 알았기에. 우리가 더는 다음을 말할 수 없었기에 꾸준한 작별을 해야 했다.

한 입 베어 물면 잔뜩 떫었던 그간의 마음도 꽤 싱거워졌다는 것을 느끼게 된 것은 뒤돌아봐도 아프지 않을 때가 오고부터였다. 아무렴, 사랑했던 순간이 실재했고, 스쳐 가던 장면을 붙잡고 싶었던 순간도 있었지만, 이제는 안다. 모든 이별은 다음을 약속할 수 없지만, 모든 시작은 이별 뒤편에서부터 시작된다고.

함께이지 못한다는 사실이 이제는 퍽 슬프지 않다. 우리는 같이 나아가지 못할 뿐. 작디작은 마음으로 출발해서 더 나은 마음을 품으려 서로를 보내줄 수 있는 거겠지. 흘러간 추억을 잘 덮어두며 지나간 사랑을 잘 기억할 줄 아는 것도 잘 이별하는 일인가 보다. 나는 이제야 우리의 시절에 안녕을 건넨다.

행복해지는 일에
게으름 피우지 않기로 해요

나를 잃어가면서까지 지켜야 하는 건 어디에도 없었다

이번열차 : 인 천 행
열차가 잠시후 도착합니다

안아 드는 말

 나를 안아 드는 말들은 의외로 소박하고 평범하다. 잘했다. 예쁘다. 고생했다. 같이 걷자. 잘 자. 믿어. 좋아해. 보고 싶다. 와 같은 말들. 나를 안아주는 말들을 듣고 있자면 괜스레 마음이 평온해진다. 변한 건 아무것도 없는데 말로 인해 내가 내 마음 중심에 가 있는 기분이 든다. 삶의 쓸쓸함에 문득 멈추는 일이 많겠지만, 서로를 부둥켜안고 믿는다는 말을 건네고 다음 계절에서도 함께할 약속들을 나열하면 어떤 다정은 서로를 구원처럼 찾아오기도 했다.

평범하고도 보통인 하루들

 행복에 대한 기준이 너무 높았다. 내가 가고 싶었던 곳을 가야지만, 이 정도 돈쯤은 있어야지만, 내가 바라던 일을 해야지만, 내가 간절히 바라던 이가 내 곁에 머물러야지만 행복에 가깝다고 생각했던 그 모든 생각은 부질없게도 행복은 아주 사소하고 보통인 일상 순간마다 내 곁에 자리했다. 다만, 이미 지났거나 다가오지 않은 곳에서만 떠올리다 밀려간 현재를 미처 실감하지 못한 것일 뿐이었다.

 알람 없이 푹 잤던 휴무 날, 하루 끝에 하던 반신욕, 취향이 담긴 플레이리스트, 예전에 봤던 드라마, 좋아하는 음식 만들기, 얼마 전부터 시작한 요가, 마음을 잠재우려 읽던 책 한 권, 오랜 친구와의 옛날이야기, 작지만 모아둔 적금, 오랜만에 지인으로부터 온 안부 메세지, 집 앞에 놓인 택배 상자, 지하철 차창 너머의 저녁노을.

거창한 것만이 행복이 아니었다. 나를 더 살게 하며 더 울지 않게 지탱해 주던 순간들이 틀림없이 존재한다. 어쩌면 삶은 가장 시시한 것들, 사소한 작은 마음들, 평범하고 보통인 하루들이 모여 현재를 지지하는 것이 아닐까. 삶은 어떤 한 가지만으로 의지하고 지탱하며 살아가지 않으니까.

어쩌면 삶은
가장 시시한 것들
사소한 작은 마음들
평범하고 보통인 하루들이 모여
현재를 지지하는 것이 아닐까
삶은 어떤 한가지만으로
의지하고 지탱하며 살아가지 않으니까

다정한 우연

 집에 도착하니 쌓인 택배들이나, 퇴근 후 넘겼던 캔맥주나, 나만 알아보는 글씨체로 마음이 엿보이던 쪽지나, 빨래를 걷다가 맡은 섬유유연제 향이나, 옅은 빗소리가 흘러나오는 주말 아침이나, 여유롭게 구운 토스트같이. 아주 세세하지만 우연이 주는 순간에 의지했던 기억들. 무기력했던 날들을 다시금 일어나게 만드는 것들은 생각보다 더 시시하고 나른해 보이지만 반짝이는 힘을 쥐고 있는 것들이다. 별 의미 없는 것 같아도 다정한 그 여운들이 오래 남는다.

단단

 몇 해 전, 5월의 봄에 한 새끼 고양이를 만났다. 네 발은 하얗고 몸엔 검은 무늬를 두르고 나무숲을 뛰어다니던 그 녀석을 봤다. 사람을 무서워하던 너는 몇 번의 울음 끝에 나의 주위까지 다가왔고, 후에는 내가 너의 얼굴을 쓸어볼 수 있을 만큼 가까워졌다. 너는 꼬리를 올리고 나의 양쪽 발목에 온기를 묻혔다. 봄에서 여름이 오고 가을을 지나 겨울이 올 때까지. 난 아침이면 너를 불러 하루치의 사료를 챙겼고, 휘파람 소리를 내면 너는 그 숲속에서 달려 내게 오곤 했다.

 나는 날씨가 궂은 날이면 네 걱정을 했다. 어디서 비를 피하고는 있을까. 놓고 온 사료가 비에 젖지 않고 때에 잘 먹었을까. 내일도 무사히 너를 다시 볼 수 있으려나. 어둠이 내리고 시린 바람이 불어오면 따뜻할 곳 하나쯤은 있었으면 좋겠어서 온주머니를 채워 네가 자주 다니는 곳에 놓아두기도 했다. 녀석과 늘 같이 있던 생김새가 아주

비슷했던 그 고양이는 한 며칠째 보이지 않다가 이제 더는 볼 수 없었다. 늘 함께하던 녀석이 보이지 않자 네가 점차 외로워 보였다. 내가 자리를 떠날 때쯤 나를 보며 냐옹 거리며 뛰어오던 네 모습이 뒤돌아 온 내내 아른거렸다.

혹시나 너마저도 어딘가로 떠날까 너를 기억하려 나는 너를 마주할 때마다 사진을 찍었다. 살아가기 가혹한 세상에 남겨진 너를 또 생각하다 조금 더 환한 세상이 있다는 걸 기억하길 바랐다. 섣부른 시간이 지나도 네가 이 세상에 남아주기를 바랐다. 꾸준히 기억하고 싶어서 사무치는 그리움이 될까 봐 최대한 뒤로 미뤄왔던 너의 이름을 지었다. '단단'

그저 남은 생 무른 것 없이 단단하게 살아갔으면 좋겠다는 의미를 붙였다. 그렇게 내 사진첩엔 흩어져 있는 너의 모습을 모아 네 이름으로 된 '단단'이란 폴더가 생겼다. 자신의 이름이라 아는 건지 이제 이름을 부르면 너는 또 저 먼 들판에서부터 냐옹하며 숨차게 뛰어온다.

여기 마냥 너를 좋아하는 사람이 있다. 너의 내일이 존재하기를 바라는 사람이 있다. 언젠가 너를 지키고 싶은 사람이 될 수 있을까 수백 번 고민했다. 이름을 부르면 다가와 배를 까고 드러눕는 너를 바라보면 자동으로 웃게 되는 우리가 있는데 너는 어떨까. 애쓰지 않아도 그 한 몸 누일 곳 있다는 든든함을 쥐게 해주고 싶었다. 네가 태어난 봄처럼 너에게도 봄날이 왔으면 해서 그렇게 너는 그 봄에 우리 집으로 왔다.

　"지금쯤 너에겐 봄날이려나."

부정회로

 '어차피'와 같이 부정으로 한 번 더 덮어버리는 말들을 남발할수록 세상엔 좋아하는 것보다 선을 긋고 회의적인 사람이 되기 쉽다. 항상 경험에 의해 확인된 쉬운 것들 위주로 삶을 선택하게 된다. 수월한 것을 선택하는 삶이 잘못된 건 아니지만, 항상 안주하면서 더 큰 노력 없이 자신의 선택보다 더 큰 행복을 바란다는 것이 문제였다. 이러한 과정에서 생각지 못한 실패를 겪고, 대처하려다 수습이 되지 않은 상황에 맞닥뜨리면 더 많은 부정들이 생기고 자존감은 서서히 바닥으로 곤두박질친다.

 어떠한 말과 행동 또는 일에 부정을 자꾸 끼워 맞추던 버릇은 나도 모르는 사이에 노력했던 그 모든 것들마저도 등

한시되어 마음이 많이 구겨져 있었던 것 같다. 미운 것들이 더 눈에 거슬리고, 불안들은 끝없는 심연으로 가라앉아 불안은 또 다른 부정으로 피어올라 스스로의 한계점을 그어둔 게 아닌가 싶다.

결국은 삶을 바라보는 자세는 쉽지만 가장 어려운 본인이 마음먹기에 달렸다. 누군가를 부러워하기만 하기에 앞서 나 또한 더 큰 곳으로 시야를 돌리고 몸을 움직이고 생각을 달리하는 것. 가벼운 약속들과 가지 않았던 곳으로 여행을 계획하고, 게으르지 않게 행하고, 부정회로를 돌리기보다 긍정에 한 발자국 발걸음을 움직여 보기를.

나는 우리가 더 나은 상황을 바라고 나아갈 때 가장 순수해지고 가장 사랑스러워지는 것 같다. 지금 가는 길이 맞는 건지 잘 가고는 있는 건지 두렵다면, 그만큼 노력했고 그 일을 사랑하고 있다는 근거가 되겠지. 많이 간절했기에 불안했고, 안주하지 않고, 더 다가설 용기를 내기도 했겠지.

자신이 하고픈 게 무엇인지 자세히 알고, 새로운 곳으로 떠나는 용기나 다른 경험을 해보면서 새삼스럽게 느낄 수 있던 새로운 감각들은 경험한 적 없었던 감정들이 새로운 궤도에 올라타는 기분을 들게 한다. 결국 스스로를 돌볼 줄 알아야 생각했던 행복에 가까워진다.

속절 없는 바람에 온기를 빼앗긴
촛불 같은 삶이더라도
기어코 다 꺼지지만은 않았으면 한다
언제고 다시 피어오를 수 있기를 바란다

마음 날씨

　내가 세운 날에 내가 베일 것 같을 때가 있습니다. 마음의 불쾌지수가 높을 때면 평소엔 그냥 흘려보내던 것들도 다 거슬리고 신경이 가기 마련입니다. 유난히 내 뜻대로 흘러가지 않고, 기대했던 일이 곧 실망이란 답을 주고, 애정하는 이로 하여금 속상해지고, 꼭 가장 추레한 모습일 때 마주치고 싶지 않은 사람을 만나고, 지나가는 저 사람은 뭐가 그렇게 웃긴지 지금 나의 기분과 다른 음성들이 콕콕 찌르는 것 같아 더 미워할 것들만 늘어나기도 하지요. 기분은 알지도 못하는 사람을 미워하기도 하고, 좋기만 한 날씨 탓을 하게도 만들어요.

　그렇게 마음 지옥에서 허우적대고 있는 날이면 이렇게 생각해 봐요. '그럴 수도 있다.' 삶 자체가 미워지는 날도 있고, 나 스스로를 미워지는 날이 있을 수 있지만, 오늘이 아무리 엉망이었대도 우리에겐 내일이 있어요. 오늘과는 또 다른 기분으로 차차 나아질 그런 내일이요.

늘 같은 음악을 듣다가도, 새로운 음악이 들려오고, 날씨처럼 오늘은 흐렸다가 내일은 맑은 것처럼. 오늘의 기분과 내일의 기분은 또 달라질 거예요. 계절도 바뀌어 갈 텐데 내 기분이라고 안 바뀌겠냐 하고 말이죠.

좀 버틸만한 하루를 살아가다 보면 쬐는 햇빛에 어지럽던 내게도 선선하게 살랑 부는 초가을 기분 좋은 바람이 닿는 날도 올 거고, 그때는 지하가 아닌 지상의 기분을 느낄 날이 오겠죠. 이런 시시콜콜한 하루들이 결국엔 소중한 무언가를 지켜나갈 때쯤 작은 바람이거나 작은 온기가 되어줄 날도 오겠거니 하고.

멀리 보는 삶

 삶은 때론 참 짓궂다. 전혀 생각지 못한 불행을 안겨주면서 잘 버텨보라고 비웃음 짓는 것만 같다. 결국은 스스로가 짊어질 수 있을 정도의 아픔만 소화해 내며 살아가는데 마음의 총량을 넘어선 것들은 숨통을 조이며 이 정도는 더 버틸 수 있지? 하고 벌을 주는 것만 같다. 그렇지만 내가 한없이 바닥을 치고 있는 것 같을 때, 꼭 누군가는 행복에 찰나를 맛보고 있다. 달이 지고 다시 해가 뜨는 것처럼 삶은 계속해서 돌아간다. 그래서 삶은 원래 잘 버티고 보는 거다. 현재가 아닌 저 긴 너머까지 전부 돌아볼 나이가 됐을 때 그토록 버티며 살아온 삶이 꽤 멋질 것이다. 순간 앞에서 너무 오래 지지 않았으면 한다.

삶은 원래 잘 버티고 보는 거다
현재가 아닌 저 긴 너머까지
전부 돌아볼 나이가 됐을 때
그토록 버티며 살아온 삶은 꽤나 멋질 것이다
순간 앞에서 너무 오래 지지 않았으면 한다

그 애

　오랜만에 만난 친구들과의 술자리에서 친구 중 한 명이 자신의 지인과 마주쳐 반갑게 인사를 했다. 친구 지인의 얼굴을 들여다보니 언뜻 익숙한 느낌이 들었다. 그 친구는 나를 보더니 환하게 웃으며 '혜진아, 안녕'하고 웃었다. 어렴풋이 떠오른 잔상의 조각이 맞춰지자 나는 그 친구가 기억이 났고 곧바로 인사를 건넸다. 그 친구는 나와 고등학교 1학년 때 같은 반이었다. 우리는 그간의 안부를 묻다가 잠시 열일곱의 나이로 돌아가 그 시절 이야기를 꺼냈다.

　"너는 모를 수도 있겠지만, 나는 너 엄청 좋아했었어. 우리 반 애들이 대부분 얌전해서 다들 소수로 따로따로 지냈었는데. 그때 축제 때 네가 반 애들 다 모아서 춤 연습도 시키고 합창 연습도 주도하고, 모르는 아이들 있으면 쉬는 시간이나 점심시간이나 학교 마치고도 계속 남아서 알려주고 했었잖아. 그때 되게 멋있다고 생각했거든. 겉보기엔 차가워 보여서 처음엔 잘 못 다가갔었는데 생각해 보면 네가 먼저 다가와 준 덕분에 학기 끝에는 우리 모두가 두루두루 잘 지낼 수 있게 된 것 같았어. 나는 그때 너에 대한 기억이 참 좋게 남아있어. 간간이 네 소식 들리긴 했는데 내가 그때 고마웠다는 말을 못 했어. 이렇게 만나서 너무 반가워."

생각지도 못했던 이야기였다. 내가 누군가에게 그렇게나 따뜻한 존재로 기억되고 있었다는 게 뜻밖이었다. 기억을 다시 더듬어보자면 첫 고등학교를 배정받던 날, 나는 내가 사는 곳에서 조금 떨어진 고등학교로 입학을 했고, 그 반엔 나와 같은 중학교에서 온 친구가 단 한 명도 없었다. 나를 제외하고선 같은 중학교에서 온 친구들이 많았기에 학기 초에 유독 혼자 다닌 시간이 많았다. 내 기억 속 그 친구는 나와 그리 친하게 지냈던 친구는 아니었다. 늘 나와 먼 자리에 있었기에 우리의 거리는 가깝진 않았다고 생각했다.

공부를 열심히 해야겠다는 생각이 들기 시작하면서 2학기부터 당시 공부를 잘하던 반장을 찾아가 무작정 나랑 짝지를 하자고 했던 게 기억이 난다. 그때쯤 반장과 함께 공부를 하기 시작하면서 그 주위에 있던 친구들과도 함께 공부했었고, 그 해 중간고사에서 전교 등수를 100등 이상 올려서 상장을 받았었다.

그리고 가을쯤 했던 축제를 앞두고 당시 그 반에는 예체능을 하던 사람이 나밖에 없었기에 무대에 서고 싶어 하던 친구들을 모았고, 춤을 어려워하던 친구들에게 춤을 알려주고, 무대 동선을 짜기도 하고, 주말에는 연습실을 빌려 함께 연습도 하고 연습을 마친 후엔 맛있는 걸 먹으러 가기도 했었다.

실은 한동안 잊고 살던 기억들이었다. 그 당시 기억을 더듬었을 때 열일곱이 그리 선명하게 남아있지 않았었는데 내가 흐릿하게 기억하던 것들이 그 시절 누군가의 선명한 기억으로 인해 뚜렷하게 떠오르며 흩어져 있던 기억의 조각들이 맞춰지기 시작했던 것이다.

몽글몽글해진 마음으로 다음을 기약한 인사를 건네고 친구와 헤어지고 나서도 그 여운에 한동안 멍하니 있었다. 그때 우리는 열일곱이었고, 어느새 훌쩍 자란 지금은 이십 대 후반이 되었다. 술을 마신 탓이었을까. 한때의 기억을 나의 한 치 앞으로 끌어당겼다.

나는 그 애와의 대화를 그 후에도 몇 계절에 걸쳐 꺼내 먹곤 했다. 홀로 적막만 남은 것 같을 때마다, 반짝이는 것들이 자꾸만 흐릿해질 때마다, 어렵고 하찮고 애달플 때마다 나는 그 애의 말을 꺼내 삼켰다. 살아가다 보니 꾸준히 다정해지는 일이 어렵기도 하고, 그때처럼 누군가에게 더 좋은 사람으로 기억되고 싶지만, 그게 그리 쉽지만은 않았기에.

삶의 테두리에서 흐릿해지는 기분이 들다가도 누군가의

말로 인해 나의 괜찮은 구석을 발견하면 조금 더 괜찮은 사람이고 싶어진다. 더 잘 살고 싶어진다. 홀로 이겨내기 위해 지껄였던 무수한 독백에 돌아오는 답처럼 느껴졌다. 거듭 잘 지내야 하는 이유가 또 하나 더 늘었다.

연 모

 이번 여름엔 유독 비가 많이 왔는데 날씨 덕분에 마음 또한 습하게 젖은 하루들이 난무했다. 세찬 비를 가만히 바라보다 보면 떠나보낸 존재가 짙어진다. 울기만 했던 날도 있었고, 덤덤한 척 편지를 써 내려간 적도 있었고, 바쁘게 나를 다그쳐 정신없이 빗속을 질주했던 날도 있었다. 꺼내보지 않고서는 모를 그리움을 숨기곤 아무 일 없는 듯 살아가는 날도 있었다.

"살아가다 보면 떠나보낼 일이 많아져.
그렇지만 남은 사람들은 또 살아가야지.
울기만 할겨? 어쩔 수 있나."

 누군가를 떠나보낸 후에 몇 해 전 할아버지가 해주셨던 말씀이 떠올랐다. 애써 덮은 기억을 들추려고 다시 애쓰지만 않으면 그래도 나름 살아갈 수 있다. 이렇게나 짙은 소낙비가 내리는 날이면 덮어둔 기억을 들추고 짙은 색의 그리움을 소화하기도 하겠지만 또 다음 날이면 맑게 갠 날씨처럼 없던 일인 듯 다시 밥을 넘기고 밤을 건너고 일을 하고 편한 웃음을 짓는 하루를 보낼 수도 있지.

그렇지만 그래도 이따금 너무 그리워질 때, 그 계절의 그리움이 나의 옷자락을 타고 너울거리는 것만 같은 날이면, 보고픈 이의 사진을 머리맡에 두고 잠들면 그리웠던 이가 꿈에 나온다는 옛 낭설을 한번 믿고 싶은 밤도 온다.

빛바랜 취향

  몇 편의 새로운 영화를 뒤적거리다 결국 고른 것은 몇 번이고 거듭 봤었던 영화였다. 익숙하다 못해 어느 장면에서 어떤 대사가 나올지 뻔히 아는. 봐도 또 볼 만큼 좋고 다시 틀게 되는 그런 것. 일종의 습관이 되어버린 완전한 취향. 무릎 나온 잠옷을 입고 밤을 걷는 행위나 요즘은 잘 쓰지 않는 유선 이어폰이나, 닳고 닳은 몽당연필이나 빈구석이 거의 남지 않은 오래된 수첩이나, 허름한 외관의 밥집이나 동네의 구석진 곳곳을 다니며 그 풍경을 기록하는 것도. 나는 늘 새로운 것보다 조금 빛바랜 안락한 것에 마음이 더 오래 머무르기 마련이었다.

그 안온한 상태를 더 유지하고자 비슷한 심도를 가진 것들의 향연이 오랜 시간 더 돌고 돌아 모이면 조금 더 견고한 삶의 테두리가 되지 않을까. 간간이 구경하던 오래된 것들이 여전한 모양새로 살아가고 있을 때 느껴지는 위로 같은 것이 있다.

나는 조금 바랜 것들이 좋다. 오래됐지만 여전히 쓰임이 있는 게 여전히 오래된 마음을 품고 있는 것 같아서.

다정한 사람들

 사람을 만날 때마다 그 상대에게 배울 점을 엿보곤 하는데 내가 좋아하는 사람들의 유사점은 상대의 말에 경청할 줄 알고 섬세한 단어를 입 밖으로 꺼낼 줄 아는 수려함을 가진 사람들이었다. 그런 사람 대부분은 누군가의 일상을 섬세히 물어봐 주고 상대의 말이 끝난 이후 덧붙인 말투에 애정이 있고, 문장을 예쁘게 다듬어 말할 줄 알고, 농담과 무례함의 경계를 알아서 분위기를 어렵게 만들지 않으며, 어질러진 마음을 일찍이 눈치채고 유심히 들여다봐 준다.

 나는 몇 년째 쓰는 일을 반복했지만, 말로 건네는 일은 쓰는 일만큼 다정하게 다듬어지거나 정연하게 하지 못한다. 그래서인지 다정함이 습관으로 배어 있는 이가 뱉는 말의 정연함을 오래도록 곁에 두고 동경하고픈 마음이 든다.

할 수만 있다면 내가 나 역시 애정하는 존재에게 꾸준한 애정이 되어주고 싶다는 생각을 거듭한다. 저마다의 상처가 외면받지 않고 조금 더 따뜻한 진심이 통하면 그 순간만은 어떠한 말도 필요 없이 안아줄 수 있다며 당신의 곁에 손 뻗으면 닿을 거리에 내가 있다고. 누군가를 은근하게 살아가게 만드는 다정을 전염시키고 싶다.

그래도 언제나 손 내미는 서로가 있고, 용기 내어 꺼내둔 마음이 있고, 기꺼이 안아주는 우리가 있다면 그토록 모진 세상도 꽤 살만하지 않을까.

미루고 싶은 시간

애써 차려놓은 밥을 배고프지 않다며 손도 대지 않았던 날, 대화를 하려 했을 뿐인데 날 선 대답으로 막아버렸던 날, 바쁘단 핑계로 쉽게 미뤄버렸던 날, 그 흔한 취향 하나 묻지 않았던 날들.

계절은 또 다음을 맞이하는데 마음은 여전히 한 자리에서 흘러갈 줄을 모른다. 나의 성장은 눈에 띄지 않을 만큼 미세해서 스스로가 어떻게 흘러가는지 여전히 모른다. 아빠의 흰머리가 늘고, 엄마의 주름이 깊어가는데 나는 또 서두를 줄 모른다. 시간을 거슬러 다시 휘저어보면 다시 주워 담고 싶은 문장들이 난무한다. 그럼에도 나의 평생을 바라보며 내가 있을 곳을 빗자루질하는 사람. 내가 했던 모난 말로도 한결같은 사랑으로 답해주던 사람. 나는 갈수록 당신이 줬던 사랑을 그리워하고, 남은 평생을 그리움으로 물들이겠지.

아무리 세월 따라 자라도 결국은 다 이해하지 못하는 마음이 있다. 나의 평생을 사랑한 자의 마음. 모든 시간은 무심히도 공평하게 흐르는데 유독 빠르게 흐르는 시간이, 가장 미루고 싶은 시간이 있다.

철 지난 감정

　슬퍼할 겨를 없이 바쁘게 지내다가 오랜만에 맞이한 휴식에 비로소 마음 구석에서 자꾸 중앙으로 오려는 감정이 있다. 애써 외면하려 바쁘게 지냈던 것인데 철 지난 감정은 내가 잠시라도 놓으면 그때를 놓치지 않고 들러붙는다. 슬픔이 몰려오면 우리는 슬퍼해야 한다. 외면하고 사라졌다 생각했던 상처는 어딘가에 지독히 쌓이고 있다.

지속성 인연

 오래된 친구일수록 잃기 쉬운 마음이 있다. 오랜 세월을 함께했던 사이라고 해서 그 서운함과 멍울을 다 감당해야 할 이유가 되진 못한다. 그 어떤 말과 행동이 세월을 인질 잡고 무마시키려 한다면 그 관계는 이미 휘청거리고 있다고 본다. 시간에 가려져 나를 옥죄는 모든 것을 견뎌야 하는 건 없다. 더 생각해 봐야 한다. 우리의 시간보다 지금 서로를 생각하는 현시의 마음을. 지속 기간을 빌미로 어떤 마음을 얽매이고 있는가를. 너무 익숙해서 이해하고 넘길 수 있는 모진 말이란 없다.

어린 날의 꿈

 흔히들 어느 정도 커버린 사람들을 어른이라 칭하지만, 실상 겁 없던 그때만큼 무모하게 던져보던 말들이나 행동은 대부분 사라졌다. 생에 경험이 쌓일수록 할 줄 아는 게 점점 많아지지만, 겁이 많아진 나는 집에만 오면 마음을 웅크린다. 쉽게 무너질 다짐 같은 건 입에 올리지 않고, 나를 존중하자고 나를 더 사랑해 보자고 하는 말들은 생각보다 더 쉽지 않았다.

 스스로 손쉽게 끈기 없는 사람이 되기 일쑤였다. 아무리 시간이 지나도 맘 속에 자리 잡은 서러움이 사라지지 않는 건, 스스로 현재 자신의 모습을 사랑하지 못하고 있는 나 때문이다. 애써 공들인 시간에 비해 결과를 만들어 내지 못할까 봐. 시간이 없다는 핑계로 돌보지 못한 관계들과 새로운 것에 지레 겁을 먹고 스스로 실패자라고 여기는 마음도. 손쉽게 스스로를 탓해버리는 순간들이 마음에 그림자처럼 따라붙어 많은 것들을 용기 내지 못하게 하는 두려움이 내재되어 있다.

  삶 곳곳에 상실이라 서툴게 이름을 붙인 순간들로부터 소리를 내지 않는 곡들이 잦다. 이처럼 비슷한 불행들이 나열되면 이 모든 게 한여름 집 앞 느티나무가 보이던 그 창문 옆 침대에서 엄마가 오기 전까지 낮잠을 자던 어린 날의 나의 꿈이었다면 얼마나 좋을까 생각하곤 한다.

삶 곳곳에 상실이라 서툴게 이름을 붙인 순간들로부터
소리를 내지 않는 곡들이 잦다

능소화

내가 사랑하는 능소화의 계절. 여름에 태어난 나는 실은 여름을 그리 좋아하지 않았다. 적어도 어린 날의 나는 그랬다. 손발에 땀이 많은 내게 여름에 하던 외출이 그리 달갑지 않기도 했고, 유난히 쬐는 햇빛을 그늘도 없이 마주하게 된 날엔 불쾌지수가 태양을 찌를 수준이었다. 때마다 맞이한 여름은 그때보다 더 격렬한 더위를 내뿜지만 이제는 나름 여름이 머리끝을 간지럽히는 계절이 닿으면 밤을 걷길 좋아하는 사람이 됐다. 담장마다 피어나는 능소화를 보니 여름이 문을 살포시 두드리고 있다는 게 느껴진다. 그래서 서둘러 더 산책을 가기 시작했다. 걷다 보면 숨이 조금 가빠지고, 땀이 맺히는 것이 느껴지지만, 이따금 불어오는 바람은 무겁던 기분을 날리기에 충분했다. 유일하게 싫어했던 계절을 사랑할 이유를 찾아가다 보니 나의 사계절 곳곳에 그 계절을 누릴 수 있는 근사함이 가득하다. 유난히 살랑이는 이 여름이 좋아졌다.

가성비 있는 삶

얼마 못 가 쉽게 질려버린 옷은 두세 번 입다 옷장 중앙에서 더 구석으로 방치된다. 주위를 둘러봐도 아주 잘 산 것이 아닌 할인할 때 쟁인 것이나 금방 날아가 버리는 향을 품은 나쁘지 않은 가성비 위주의 잡다한 것들이 무성하다.

이만하면 괜찮지 않나 합리화하며 더 면밀히 들여다보지 않고 '나쁘지 않네' 싶은 무언가를 일상 곳곳에 두는 거. 값싼 가격에 시선을 맞추고, 차선의 차선의 차선을 고르는 일. 삶이 내가 갖고 싶었던 게 아니라 무수한 합리화로 현실을 받아들이는 나를 실감할 때 이따금 슬퍼진다.

사람이 사는 데는 돈이 든다. 그것에 한없이 쭈그러들 때면 최대한의 가성비를 찾게 된다. 나 스스로 더 좋은 것이 아니라 나의 모든 현실에 기준을 맞추고 하고 싶거나 갖고 싶은 일들을 꾸준히 내려놓았다. 더 큰 것을 갖고 싶어도 이런 테두리에 갇혀 스스로를 재단하고, 차선의 마음 안에서 안주하다 보니 나의 한계만 명확해진다.

나의 삶이 점차 이만하면 나쁘지 않은 것들로만 구성되는 것 같아 마치 내 삶이 그렇게만 흘러갈까 두렵다. 허무맹랑한 꿈이 이루어지지 않을 수도 있겠지만, 점점 현실에 내가 고를 수 있는 것과 도전할 수 있는 것의 기준이 끝없이 낮아지는 기분이 드니까 더 틈틈이 비참해지는 기분이 든다.

더는 그 기준을 허물고 싶다. 그러려면 다시 또 차선을 생각하다 힘 빼지 않고 더 많은 것들을 품을 용기를 내야겠지. 나쁘지 않은 것들로 이루어진 삶이 되지 않기 위해 나는 일단 좋아하는 것들을 내 주위에 조금씩 채워가기로 한다. 작은 마음이 반복되면, 습관이 되고, 습관이 반복되면 삶이 될 테니까.

허름해지는

이해되지 않으면 이해하지 않아도 될 일이었다. 나와 너무 다르게 살아온 누군가를 이해해 보려 애쓰기 시작할 때부터 조금 더 감정적이게 됐다. 모난 말을 서슴없이 내뱉는 사람에게 익숙해지지 말았어야 했다. 이런 관계가 버겁다면 내려놓을 용기 또한 가졌어야 했다. 살아가다 보니 나를 갉아먹던 그들이 몇 없다고 무너질 일은 없었으니. 진작 놓아주고 떠나보냈다면 자주 허름해지는 이 기분을 느끼지 않을 수도 있었다.

이토록 사랑하는 일

  하나의 글을 쓰기 위해 여행을 떠나기도 한다. 가장 애정하는 장면을 보기 위해 1시간이 넘는 시간을 견디기도 한다. 누군가를 알아가려면 사계절을 함께해도 모자라는데. 그럼 사랑은 또 어떠할까. 정성 들여 아끼고 시간을 할애하고 어떤 말을 하기 위해 고대하고 나의 환상을 깎고 현실에 부딪히더라도 건네는 문장의 환희를 만끽하는 것. 사랑하기에 할 수 있는 것들이 늘어나는 일이다. 사랑하기에 더 미루지 않고, 사랑하기에 더 기다리고, 사랑하기에 조금 더 눈 감을 수 있다. 이 작은 노력들을 무수히 반복해야 하는. 어쩌면 사랑하기에 이처럼 끊임없을 수 있는 행위이다. 영원하지 못한대도 늘 해내고 마는 일. 때로는 어리석을 만큼, 때로는 이질적으로, 무엇이 됐든 사랑이 자꾸 남아있다면 시간이 걸려도 그 끝은 이별이 아닌 다시 사랑이 된다.

휘청이던 날에 썼던 글들은
어설프게 찍은 사진처럼 기록되고
그 안엔 그날의 어설픈 감정이 숨쉬고 있다
언젠가 내가 사라지더라도
세상 어느 곳에선 영원히
나의 글은 사는 것이다

마음 바다

눈은 하늘을 향하고 입을 열어 울지 않으면
울음과 슬픔과 비슷한 외로움이
쏟아져 내리는 일은 없다.
들킬 일이 없다.
세상 속에서 혼자만 내 울음을 알아차릴 수 있다.
그렇게 마음속에 바다를 만들어간다.

평범하게 살아가게 됐다

 언젠가 평범한 삶을 살지 않기 위해서 유난히 더 빛을 내고 싶었던 적이 있었다. 남들과는 다른 길. 어디서도 희귀한 존재. 누군가의 박수를 받고, 누군가의 시선을 붙들고, 어디서든 귓가에 울려 퍼지는 사람이 되고 싶었다.

 열세 살의 나는 누구보다도 나를 드러내길 좋아했다. 남들과는 다른 사람이 될 자신이 있었다. 어떤 이가 나를 알아주지 않는다 싶으면 시간이 조금 더 지나면 그 사람마저 내게 박수를 치게 될 거라고 호언장담하던 때가 분명 있었다.

 혈혈단신으로 무엇이 될 거라고 부푼 꿈들을 감싸 안았던 그 자신감들은 도대체 어디로 간 걸까. 사람들의 시선을 피해 어두컴컴한 작은 방 안에 웅크리게 될 때가 돼서야 알았다. 아, 나는 내가 그토록 바라던 그 모습이 될 수 없겠구나. 출근길의 지하철 속 수백, 수천 명의 그 무수한 발걸음 속에서도 가장 느릿한 걸음을 가지고 자주 그 평범 이하에 머무른 적이 많았다.

큰 파동 없이 아주 잔잔한 평범함을 지켜가는 이들의 삶을 자세히 들여다보면 모두들 숨 가쁘게 뛰어다닌다. 이제는 안다. 이 평범함을 유지하기 위해 지켜야 할 것이 무수히 많다는 것을. 사람들 사이에 섞여 발을 딛고 손을 부딪치는 일이 그 평범함에 속하게 하는 일만은 아니었다. 때로는 평범의 그 끝 발치에 다다르기 위해서도 수많은 노력이 필요했다.

이 고요함을 유지하려면 얼마나 많은 순간을 발버둥 쳐야 하는지 삶은 어디서 바라보냐에 따라 다른 면모가 보인다. 그때는 그랬고, 지금은 이렇고. 때에 따라 다른 면모들을 찾아 나아가는 일이다. 가볍게 말했던 시절을 지나 그 무게의 중압감을 느낄 때쯤엔 쉽게 말할 수 없는 것들이, 한사코 노력해서 평범해지는 일들이 쌓인다.

안경

    종일 선명히 보려 썼던 안경을 벗고서 마주한 뚜렷하지 않은 세상이 더 아름다울 때도 있는 법이다. 자세히 들여다보지 않으면 하지 않을 소모들이 많은 밤. 난 불안의 돋보기를 쓰고 선명한 상처들을 쓰다듬는다.

눈동자

어느 날,
살고 싶지 않다는 눈동자로
살아가는 당신을 마주하면
덜컥 겁이 난다.
더는 내가 줄 수 있는 게 없으면 어쩌지.
더는 기대가 없으면 어쩌지.
이런 삶만 있을 거라고 재단하면 어쩌지.
나는 누구보다 당신을 안고 싶어 하는 사람인데
더는 내가 필요하지 않으면 어쩌지.

무기력증

 무기력은 모든 행동을 정지시키고 움직일 힘조차 주지 않는다. 삶은 초록 불이라며 서둘러 건너라고 내일로 등을 떠미는데 느린 마음은 무언가에 걸려 도통 앞으로 나아가지 않고 냅다 그 자리에 누워버린다. 괜찮을 거라며 쉼도 없이 미루었던 나날들은 기어코 강제로 쉼을 만든다.

 마음 밑바닥까지 침전하며 무언가 내가 일상의 균형이 조금씩 무너지기 시작하면 가장 기본적인 것부터 흔들리기 시작한다. 첨예한 세상에서 의연하게 살아내기 위해선 그럴 때일수록 때마다 끼니를 잘 챙겨 먹어야 한다. 덜 생각하고 단순하게 정리하고 빠르게 내뱉고 행동해야지만 길게 늘어지는 생각이 본능을 지배하지 않는다.

손바닥만 한 작은 화면에 무기력한 시간을 내어주는 것보다 차라리 따뜻한 물로 샤워를 하고 단정한 옷을 입고 밝은 것을 보러 밖을 나서는 게 도움이 된다. 잊고 살던 이에게 안부를 묻는다거나, 슬플 일 없는 영화를 틀거나, 책을 몇 페이지 더 읽거나, 흐트러진 물건들을 정돈하거나, 사랑하는 이들과의 순간을 더 많이 남겨보는 게 더 마음에 남는다.

나의 밤이 너무 어두워 깊은 곳을 허우적거릴 것 같다면 조금 더 이른 아침을 맞이하기 위해 일찍이 눈을 감자. 자주 새벽을 헤매면 쉽게 우울해지니까. 때마다 잘 먹고 잘 자야 무기력을 이겨낼 기반도 생기는 것이다.

뭐라도 해야 얻는 답들이 있어

 내가 느끼고 있는 마음을 말하는 건 나에게 그리 어려운 일은 아니었다. 그렇지만 말하고서 내가 기대한 반응이, 내가 기다린 위로가 없어도 낙담하지 않고 고개를 끄덕이는 게 힘겨워서. 기대 없는 마음을 갖기란 어려워서 삼켜진 마음 안에 잔뜩 쌓아둔 말들은 그래서 소리를 내지 않는다. 속으로 불어나는 감정들을 애써 외면하는 것.

 마지막이라고 말하고 돌아섰지만, 오랜 나의 밤을 유영하기도 했고, 늘 단호함을 지녔던 이가 돌아서며 서글픈 울음을 토해내기도 하고, 말은 종종 더 아픈 누군가를 위해 진심을 삼키기도 했다. 말을 하지 않는 것이 우리를 지키는 거라고 굳게 믿던 시절의 나에게 말해주고 싶다.

아냐. 우리는 거듭해서 마음을 말해야만 해. 말을 해야 지만 오래갈 용기를 얻는 것이고, 말하지 못해서 모호하게 끌어간 감정들이 얽히고설켜 결국은 끝내 스스로를 억압하고 더 힘든 파장을 불러오는 거야.

선뜻 마음을 말하기에 앞서 자꾸만 입을 막아두는 걱정에도 불구하고 우리가 입을 달싹이는 이유는, 아무것도 하지 않으면 우리에게 아무 일도 일어나지 않기 때문이야. 뭐라도 해야 얻는 답들이 있어.

정 돈

 커튼을 젖히고 창밖의 세상과 마주하기까지 몇 번을 망설이게 되는 날이 있지. 정처 없이 흘러가는 시간은 서두르라는 듯 내일로 등을 떠미는데 느린 마음은 아직도 해묵은 어제에서 헤어 나오지 못한다. 한때는 연습만 하면 다음 답변쯤은 손쉽게 적어낼 수 있을 거라고 생각했다. 아무리 시간을 따라 자라도 어려운 것들은 마냥 어렵기만 할 뿐이었다.

 기계로 찍어낸 듯한 모호한 하루들을 멈추고 나서 보이는 건 너무도 막연히 혼자였던 나였고, 쏟아지던 것들을 가지런히 정리할 힘조차 없어서 쌓아둔 것들은 온통 어질러진 마음이었다. 익숙해질 틈 따위 없는 듯하지만 모든 것을 다 받아들인다는 무턱댄 생각을 한다.

 정돈되지 않던 일상들을 다시 차근차근 정리하자. 제멋대로 지내던 삶을 필요와 불필요를 걸러내어 스스로를 제

어하고 더 단순한 하루를 만들자. 곰곰이 생각해보면 더 나은 삶을 살기 위해 지금 내가 무엇을 해야 할지는 차분히 생각해보면 머릿속에 넌지시 나타난다.

건강을 더 챙기기 위해 영양제를 때마다 챙겨 먹고, 견딜 수 있는 체력을 증비하려 필요한 운동을 하고, 나를 연연하게 만들던 불필요한 연락들을 줄이고, 나에게 맞는 시간을 더 활용할 줄 아는 힘을 사실은 모르지 않았다.

단조롭게 흘러가던 일상에도 높낮이는 존재했고 퍽퍽한 일상엔 다정과는 거리가 먼 무심함들이 자주 일렁이지만, 그래도 어찌 됐든 이겨내기. 이왕이면 잘 해내기. 삶 여러 곳에 쉼을 두고 그래도 올해가 다 가기 전엔 좀 느리더라도 전할 것들을 정돈해줘야겠다. 아프지 말자고 다독이는 것이 아니라 조금 더 정진해보자고. 누군가를 위해 삼켜냈던 마음 같은 것들을 언제고 한 번쯤은 드러내야겠다고 다짐한다.

작별
인사

 아빠의 가장 친한 친구가 돌아가셨다는 얘기를 전해 들었다. 어릴 때부터 들어왔던 내 귓가에도 익숙한 이름이었다. 표현에 서툴고, 고지식한 아빠는 유독 그 아저씨 얘기를 자주 했었다. 고향에서부터 함께 자라 어린 시절의 기억마저도 함께 품은 사람이라 유난히도 애틋해 보였다.

 몇 달 전, 아빠의 친구에게서 온 전화 하나가 그날의 분위기를 바꿔놓았다. 아빠는 축 처진 목소리로 말했다. "아빠 친한 친구가 암에 걸렸다고 연락이 왔네. 근데 좀 심각한가 봐. 목소리가 너무 안 좋아." 아빠가 내쉰 한숨이 겨우 두 달 전이었다.

그러다 오늘. 낮에 다급한 전화를 받고 나갔던 아빠는 밤이 돼서야 집에 돌아왔다. 위태로운 상황을 겨우 넘긴 줄 알았는데 아빠가 다시 집으로 돌아오는 길에 유명을 달리했다는 소식이 들렸다.

겨울이 오면 여수에 가자고 말했었는데. 어쩐지 집에 오는데 내내 비가 엄청 오더라. 겨울도 안 왔는데 가을이 오기도 전에 가버렸다. 모든 게 너무 한순간이다. 이대로 겨울이 오면 더 슬플 것 같다.

아빠의 허망한 목소리가 집 안을 메우고, 그 어떤 말을 거들어도 위로가 되지 않았기에 우리는 소리를 내지 못했다.

우리는 때마다 크고 작은 이별을 한다. 아침을 나서면서도 잠시 이별을 하고, 분기마다 만나던 친구에게도 다음에 보자는 인사를 건네며 한동안의 이별을 하고, 명절마다 만나는 할머니에게도 추석에 오겠다는 인사를 건네며 또 계절마다 이별을 한다. 다음을 말할 수 있는 우리는 늘 인사를 하지만, 차마 마지막인 줄도 모르고 해맑았던 인사가, 어쩌면 말끝을 흐렸던 무심한 인사가, 다시는 없을지도 모를 인사가 될지도 모를 일이다.

갑자기 마주한 이별은 유난히도 어렵다. 여태 쌓아온 그 모든 삶이 부질없게 느껴져 그 어떤 감정으로도 설명되지 않는 허망함을 지니고 있다.

한 치 앞에 오지 않으면 알아채기 어려운 이별이 쌓인다.

쉼 표

 몇 해 전, 원고 마감일이 가까워지는데 글을 하나도 못 썼던 시기가 있었다. 당시 나는 아무것도 손대지 못하고, 떠오르는 게 없어 노트북 앞에 앉을 힘도 나지 않는 상황이었다. 머릿속은 쓰지 못하면 어쩌지 하는 두려움과 걱정이 뒤섞여 혼비백산이 되어가는데 정작 의자에 앉아 머리만 쥐어뜯고 있었다.

 그 시간을 해결해야 할 방안만을 생각하다가 문득 생각이 나지 않는다면 잠시 머릿속을 비워야 하지 않을까 싶은 생각에 곧바로 그림 하나를 그리기 시작했다. 글에 할애해야 할 시간을 빌려 캔버스에 유화 물감을 칠하면서 이틀 동안 밤을 새우면서까지 무모하게 그림 하나를 완성했다. 아무것도 생각나지 않았던 머릿속엔 하나를 실패하지 않고 끝마치고 나니 조금씩 무언가가 떠올랐다.

삶에 의욕도 없이 공허함만 남은 것 같을 때는 본인이 마땅히 할 수 있는 일을 해야 한다. 내 손으로 시작하고 끝마칠 수 있는 일. 기어코 실패하지 않는 일. 텅 빈 마음 한구석을 억지로 다 메우기 급급하면 더욱 큰 공허함이 생기거나 더 큰 의욕을 상실할 수 있으니까.

무기력이 오기까지는 너무 많은 생각과 해내야 할 현실들에 대한 두려움이 공존하여 과부하가 걸려 정신적으로 모든 것을 피하고 싶은 일시적인 감정적 문제였다. 무엇보다 별일 아닌 것 같아도 내 손으로 무언가를 정돈하고 만들어 내며 속에 있는 것을 비워내는 시간이 필요했던 것 같다. 감내할 수 있는 총량이 사람마다 정해져 있었나 보다.

아무것도 하지 못한다고 자신을 책망하는 시간을 보내고 있을 땐, 조금 더 냉정히 가라앉히고 차분히 할 수 있는 작은 것을 해서라도 머릿속을 잠시 비우며 무기력에 깊이 파묻히려는 나를 금방 건져 올려야 한다.

모든 감정이 다 해결될 순 없겠지만, 잠깐 힘든 시간을 잘 지나가려는 중이라고 되뇌며 현실을 놓고 어딘가로 잠시 도주했다고 생각했다. 내가 잠시 멈춘다고 나의 모든 게 실패되는 게 아니니까. 해내야 할 일을 하기 위해 과정 중 필히 해야 할 쉼표 하나였다.

모든 이에게 좋은 사람이 될 수 없다

　모두가 열광하던 그 TV 속 사람도, 모두의 갖은 노력으로 만들어진 영화 한 편이나 하나의 음악 앨범도. 순간마다 마주한 모두를 만족시킬 순 없다. 완벽하다고 많은 사람에게 미담으로 입방아에 오르내리던 사람에게도 아무 이유 없이 모진 말을 서슴지 않는 누군가가 있다. 모두에게 좋은 사람이 되려 했던 시절에는 마음이 맞지 않았던 사람에게도, 나를 그리 달가워하지 않았던 이들에게마저도 좋은 사람으로 남겨지고 싶은 마음은 무의식중에서도 자꾸 튀어나왔다.

　내가 조금 더 애쓰고 자꾸 말을 하면 나의 모습을 봐주겠지 싶어 이런 저런 노력을 하며 모진 말도 애써 모퉁이를 잘라 둥글게 넘기려 했었지만, 이런 관계들은 친절히 베풀었던 배려들을 집어삼키고 기어이 더 나아질 거란 기대를 무너뜨리고 상처를 남겼다. 조금 더 내 마음에 스스로 성숙해지기까진 여전히 과정 속에 있지만, 이제는 모두에게 좋은 사람이 되려 애쓰지 않는다는 것쯤은 알겠다.

나를 위해주는 사람들은 결국엔 수많은 사람들과의 관계에서 걸러져 '우리'라는 인연으로 묶인다. 더 이상 나를 달가워하지 않는 이에게 소모할 노력 같은 것은 미미해지고, 점점 바빠지던 각자의 생활 속에서 자주는 아니더라도 가끔 서로의 안부를 묻고 애정 어린 말들을 건넬 수 있는 사람들이 남겨진다.

웃으면 웃어서, 울면 울어서, 화가 나면 화를 내서. 당연한 어떤 모습에도 모진 말을 섞는 사람에게는 그 어떤 낭비도 하지 말아야지. 무례한 사람을 외면할 줄 아는 뻔뻔함 정돈 길러야지. 나를 좋아하지 않는 이에게 내 감정을 외면하면서까지 이해할 건 그 어디에도 없다.

할머니의 낡은 수첩

 엄마가 나를 임신했을 때, 입덧이 심한 날엔 늘 할머니의 된장찌개를 먹었다고 했었다. 그 덕분일까. 한식을 좋아하던 나는 할머니의 된장찌개를 너무 좋아했었고, 할머니의 한결같은 된장찌개는 할머니의 집을 찾을 때마다 한 솥 끓여져 있었다.

 할머니는 글자를 배운 적이 없었다. 할머니의 어린 시절엔 글자를 배우지 않은 사람이 많았고, 시계를 읽는 일도 할머니는 오랜 시간을 걸쳐야 했다. 그렇기에 연락을 위한 휴대폰이 생겼을 땐 할머니는 한없이 어려워하셨다. 나는 이 사실을 다 큰 후에야 알았다.

휴대폰 단축번호 하나만 누르면 전화가 연결된다는 사실을 알고부터 시도 때도 없이 할머니에게 전화가 왔다. 수업을 하는 도중에도, 일을 하고 있는 도중에도. 가끔 바빠서 전화가 온 지 몰랐던 날엔 몇 통의 부재중이 쌓여있기도 했다.

할머니의 통화 속엔 늘 서운함이 있다. 계절이 지나면 오지 않냐는 안부의 전화가 있고, 할머니의 서울 집에서 며칠 묵다가 다시 양산으로 내려가는 날이면 아침부터 나의 손을 주물럭거리신다. '또 올끼제?' 하고 다음을 약속할 즈음이면 이미 두 눈이 빨개지면서 참았던 울음을 내비치신다.

할머니의 통화엔 늘 다음이 있다. '이번 설에는 올 기제?' 하고, '봄에는 올 기제?' 하고, 늘 다음을 염두에 둔다. '니 좋아하는 된장찌개 시래기 넣고 한가득 끓여놓을게.' 하고 유혹도 하신다.

할머니의 낡고 작은 수첩엔 수많은 번호가 적혀 있다.

첫 장엔 딸 내의 번호. 두 번째 장엔 손주들의 번호. 그 뒤로 친척들의 번호들. 양로원 친구분들의 번호들. 너무 자주 들춰보아 잔뜩 너덜너덜해진 수첩을 한참을 보다가 어쩌면 이 종이 뭉치들은 할머니의 삶에서 가장 소중한 것일지도 모른다고 생각했다.

　손주를 위해 늘 시래기 된장찌개를 한솥 끓여놓으시던, 쭈글해진 손으로 겨우 연습했던 이름 석 자와 익숙하게 걸려 오던 전화가 기어코 그리워질 순간이 올 테니. 바지런히 쓰는 삶을 살아야겠다고 또 한 번 마음 먹는다.

　결국 그리워지는 것은 이토록 사소했던 순간들일 것이다. 지금 내가 남기고 있는 그날그날의 단상은 훗날 아주 애틋해질 기록이라 생각하니 그리움이 더욱 짙어지기 전에 분주히 손을 움직인다.

지켜내지 못한 것들

　오랜 일이지만 여전히 마음에 풀지 못한 잔여물처럼 쌓여 그리움으로 자리 잡은 제멋대로였던 우연들을 넘어서서 한 번쯤은 말하고 싶었다. 미처 도달하지 못해 남겨진 말들이 이곳저곳에 널브러져 있다고. 때로는 진심보다 더 많은 우연으로 인해 저만치 멀어지는 것들이 너무 많았기에 다시 일일이 변명하며 되돌리기엔 너무 지쳤었다고.

엄마의 여행

 올해 여름휴가는 가족들과 2박 3일 여수 여행이었다. 엄마는 최근 1~2년 전부터 거듭 여행을 가고 싶다 말해 왔었고, 여행을 자주 가지 않았던 우리 가족은 작년부터 계절마다 한 번씩 여행을 다녔다. 아빠에게 일이 생겨 여행 이틀째가 되던 날 아빠는 홀로 차를 타고 회사에 먼저 넘어갔고, 그 덕에 엄마와 언니 나 셋만의 모녀여행이 되었다.

 여행의 마지막 날, 남해까지 훤히 보이는 바다 뷰의 카페도 가고, 후엔 전시회를 보러 갔다. 몰랐지만, 이번 여행에서 엄마에게 처음이 많았다. 바다가 훤히 보이는 뷰의 카페에 온 것도, 2시간씩 앉아서 풍경을 감상하는 일도, 벽을 따라 휙휙 바뀌는 작품들을 감상하는 일도, 엄마에겐 처음이었다.

 여행을 마무리하고 고속버스에 오르기 전, 엄마가 말했다. 실은 고속버스를 처음 타 본다고. 누군가의 차 옆자리만 타봤지. 누군가를 마중 나왔던 일이 아니고서야 엄마가 타 보는 일은 생전 처음이라 말했다. 엄마는 오십여 년을 살아가면서도 아직도 처음인 게 이렇게 많다며 너스레를 떨었지만, 나는 이번 여행 내내 저릿한 마음이 들었다.

 유독 폭포가 내리는듯한 형상이나 바닷가의 파도가 치는 형상이 전시관 곳곳에 있었는데 엄마의 모습을 영상으로 담고 있다가 엿보인 엄마의 표정을 보며 엄마가 저렇게까지 아이같이 신기해하고 완연한 웃음을 지었던 적이 있었나 싶었다. 이런 웃음이 내게 생소하게 느껴졌을 만큼 나는 엄마를 모르고 있었구나 싶어 내심 미안해졌다.

 친구들이나 애인과는 숱하게 다녔던 예쁜 카페나 전시회

같은 곳이 엄마에게는 무척이나 생소했단다. 사계절을 보러 다니던 일은 나에겐 사소한 일이었는데. 왜 나는 그간 엄마와 더 많은 곳을 함께하지 않았을까.

언젠가 엄마는 엄마가 되면서 자신의 청춘이 저물었다는 말을 한 적이 있다. 이미 한참 흐른 시간 속에서 엄마는 얼마나 많은 것들을 하고 싶어 했고, 많은 곳을 가고 싶었을까. 부쩍 여행을 가자고 자주 말하던 엄마의 말에 의미를 이해했다.

돌아오는 길에 엄마에게 다음에는 조금 더 먼 곳으로 여행을 가자고 말했다. 한 달에 한 번씩이라도 좋으니 살고 있는 지역을 벗어나서 사계절을 보러 다니자고. 더는 시간을 주저하지 않고 엄마의 행복을 사야겠다. 이 세상엔 너무 많은 풍경이 있고 엄마의 웃음을 살 수 있는 아름다운 것들이 여전히 여럿 남아있다고. 스물둘 그 아이의 웃음을 지을 수 있는 세상이 여전히 남아있다고 엄마한테 알려주고 싶다.

연말정산

 나는 이맘때의 공기를 잘 알고 있다. 늘 같은 시간대에 나서던 아침, 어제와는 다른 온도가 코끝에 닿을 때, 하얀 입김이 나기 시작하고 어느덧 추위를 몸소 느낄 시점이었다.

 두터워진 사람들의 옷차림과 곧 있을 겨울을 대비해 구비해 두는 핫팩. 겨울을 대비하는 자세를 품고 지내는 계절. 이쯤이면 다가올 연말을 기대하며 서둘러 각종 약속들을 계산해 보는 늦가을이었다. 바람이 반나절만 불었는데도 나뭇잎이 다 떨어져 바스락거리는 완연한 가을이 간다.

한 해를 정산할 때마다 관계의 정도에 대해 생각해 본다. 누군가는 나로 인해 웃었겠지만, 누군가는 나로 인해 상처받았을 것이며 나 또한 누군가에게 상처 받았을 터. 그런 사람과의 관계에서도 우리 모두가 한 해를 마무리할 때쯤엔 결국엔 웃음이 더 많았으면 좋겠다는 생각이 든다.

어쩌면 누군가에게 오래 보고 싶은 사람이 되고, 특별한 날에 찾아와 줄 누군가가 있고, 가끔은 마음을 닮은 편지를 기꺼이 건네주는 이가 있고, 누군가의 다정함에 보답하는 다정함 또한 지니려 노력한다면, 살만한 삶이라고 말할 수 있지 않을까.

받고 싶은 마음을 조금 내려놓는다면, 주는 것과 표현하는 그 마음 자체가 얼마나 귀하고 행복한 건지 알게 된다. 주는 것이 더 즐거운 이들끼리 더 자주 행복하고 오래 함께했으면 좋겠다.

울음을 터트릴 수 있는 관계

 기분 전환쯤으로 생각했던 술자리가 더 묵직한 밤을 만들 때, 사람 사이 오가는 웃음들이 애써 형식적인 겉치레처럼 느껴질 때 나는 무슨 마음을 털어내려 이리도 미지근한 웃음을 짓고 이곳에 있는 걸까 싶었다.

 잠을 미뤄두고 밤을 배회하며 삼켜내던 것들. 이제는 감정을 쏟아내는 것도 용기가 있어야 가능한 일이라고 생각됐다. 해야 할 생각들은 줄짓고, 풀어낼 울음이 쌓이지만, 걷잡을 수 없을까 봐 숨기고, 이면의 상처들은 삶의 틈 사이에 켜켜이 쌓여 부쩍 길어진 해를 따라 아른거렸다.

 슬픔의 마침표는 영영 찍을 수 없다는 사실에 모든 슬픔을 머금고 삼켜버리는 것으로 무마하려 한다. 익숙해지리라 믿으며 그저 받아들이면 되는 일이라고. 하지만 고요히 어깨를 떨며 고개를 떨구는 일은 한결같이 익숙해지지 않는다.

슬픔은 배워도 배워도 익숙해지는 감정이 아닌가 보다. 눈물을 흘리는 것 말고도 울음을 표출할 수 있는 방법을 배우는 일인 걸까. 울음까지 도달하는 마지노선이 점차 깊어진다.

시간이 갈수록 함께일 때 웃을 수 있는 사람보다 함께일 때 울음을 터트릴 수 있는 관계를 더 기다리고 있을지도 모르겠다. 나이가 들수록 누군가 앞에서 울 일이 극히 드물어지기 때문이다.

나눠 먹은 위안

'진심님. 저는 이제 잘 웃고 잘 울고 감정을 충실하게 느끼며 지내요. 저 깊은 감정의 바닥에서 이만큼 올라왔어요. 이제 마냥 슬프지만은 않아요.' 오래전 건넸던 위안이 시간을 타고 흘러와 이렇게나 반가운 안부로 돌아왔다.

굽어가는 어깨를 자주 펴며 노트북 앞에 앉아있는 이 시간을 버티다 보면 가끔 내가 건넨 오지랖 섞인 몇 마디에 울음을 그칠 준비를 하고, 내일로 나아갈 힘을 얻는 사람을 마주하면 잘 살고 있지 하고 되려 내게 안부를 물어주는 것 같다. 칙칙한 삶에서 하루치의 위안을 건네봤던 기억은 이따금 나를 깨우고 나의 글을 안아 들게 만들었다.

그저 읽고 스쳐 지날 수도 있었는데 한참을 머물러 가끔 글의 뒤편에 있는 나에게까지 온기를 전달해 주는 이를 만나면 또 조금이나마 더 잘 살고 싶은 날들이 생긴다.

 버릇처럼 구석인 곳으로 걸음을 옮기던 사람이 햇빛이 비치는 삶 가운데로 오기까지 무던하게 비추는 글을 써야겠다고 마음먹는다. 여러 계절을 거쳐 결국은 평온한 삶을 되찾는 누군가처럼 꾸준하게 더 나은 빛을 따라가야겠다.

산다는 건 이별하는 일

 교복을 입기 전부터 붙어 다녔던 친구들이 있었다. 처음 교복을 입게 됐던 날에도, 운동회날 계주를 뛰다 넘어진 날에도, 첫사랑이 생겼던 날에도, 처음 무대에 올랐던 날에도, 첫 서울을 상경했던 날에도 여러 번의 생일과 속상했던 밤에도 그 친구들과 함께였다. 이렇게 평생을 함께라면 그리 외롭진 않겠다 싶었던 시절이었다.

 십 년을 넘게 지내왔던 친구와 스무 살을 기점으로 멀리 떨어져서 4년을 지낸 뒤, 다시 만나게 됐을 때쯤이었다. 그간 분기마다 만나던 게 아닌 아예 살던 본가로 내려오게 된 시점이었다. 평생을 함께할 것 같았던 관계는 그 4년간 미미하지만 끊임없이 변화해 왔고, 결국 우리는 그때보다 조금 더 낯선 모습으로 마주해 서로를 이해하고 배려하지 못하는 지경에 서서히 멀어졌다. 늘 비슷한 말과 행동을 하던 우리는 어른이 되어가는 과정을 겪으며 서로의 환경이 바뀌었고, 몰랐던 자신을 알아가며 생각하는 가치관도 다르게 변화했으며 먹는 것과 입는 옷 듣는 음악 성향 등이 형성되면서 자신만의 분명한 소신이 생겼다. 왜 나를 이해해 주지 못하냐며 생각보다 사소한 견해 차이로 서로를 인정하지 못한 채 작별했다.

관계를 정립할 수 없었던 것은 서로의 잘못만은 아니었다. 너무 평생을 남발하며 서로를 당연시했던 그 시절엔 미미했던 서로의 성향들을 느슨히 넘겨왔고, 우리는 성장하며 그 성향들이 점점 짙어지고 확대되어 결국은 다른 서로가 되어갔던 것이다. 이건 그 누구의 잘못도 아니었지만, 작별한 당시엔 서로의 잘못을 따지기 바빴다. 조금 더 시간이 흐른 뒤에 다시 생각해 보면 우린 원래 달랐던 것뿐이었다. 그저 서로의 좋았던 점을 더 좋아했을 뿐이었고, 각자의 삶이 서서히 달라지면서 좋았던 점이 아닌 다른 것들이 더 많이 보이기 시작했고, 서로를 좋아했던 점이 달라지기 시작하며 같은 모습을 지니지 않았기에. 그저 달랐기에 각자의 길을 가는 것이었다. 삶의 때마다 곁에 있는 사람이 달라진다는 것을 서서히 인정하고 이해하기 시작한다.

  나는 여전히 나를 알아가기에 바쁘고, 그에 맞는 지금 나의 곁에 나란히 걷고 있는 누군가도 근 몇 해 뒤엔 나란히 어깨가 닿지 않을 만큼 멀어져 버릴지도 모를 일이다. 누군가를 잃었다고 해서 낙담하거나 낯설어하지 말자. 살아가며 필히 겪어야 하는 자연스러운 수순이다. 살아간다는 건 열심히 이별하는 일이기에 떠나보내는 일은 숙명이다.

산다는 건 이별이 쌓이는 일이다.

어떻게든 마주하고 견뎠던 시간

 울음이 터지기도 전에 숨이 차오르는 아이에게 이유 없이 받는 따사로움도 삶의 곳곳엔 있다는 것을 알려주고 싶다. 힘겹기만 한 삶은 어디에도 없다고, 그냥 지나가는 시절일 뿐이라고. 치기 어린 투정을 머금지만 말고 뱉어도 나쁘지 않은 이유가 되어주고 싶다. 망설이는 것을 머금고 씹고 삼키는 과정을 여러 번 반복하다 보면 스스로를 조금 더 알게 되겠지.

 빈손이어도 좋으니 가볍게 만날 수 있는 누군가를 곁에 두고 가끔은 바쁜 일상에 밀려 그 존재를 잊고 살다가도 떠올랐을 때 가벼운 안부쯤은 전할 수 있는 이들이 삶에 여럿 있었으면 한다. 텅 빈 것 같이 보여도 아무것도 없는 게 아니라는 말을, 서두르다 휘청이듯 걸어도 넘어질 곳이 너무 거칠지만은 않기를, 모든 것이 하나둘 힘을 잃는 듯해도 너의 본연이 사라지지 않는다는 말을 해주고 싶다.

삶은 애석하게도 늘 반짝거리지 않는다. 그저 순간의 반짝임을 쥐고 다음 반짝임을 기다리는 일이다. 순간마다 가닿는 감정과 마음을 배우는 일이라고 여기며 그저 음미했으면 한다.

휘청이듯 자주 걸었다는 것은 균형을 잡기 위해서 거듭 힘을 주었다는 거니까. 애썼던 그 모든 시간들은 기꺼이 받아들여야 했던 당연한 시간이었다고. 어떻게든 마주하고 견뎠던 시간들은 후에 나를 지켜주는 의지가 되어준다.

길고양이

한참 동안 너의 뒷모습을 보면서 행복을 빌었다. 한 걸음 다가서면 몇 걸음 더 멀어지는 너이지만, 몸을 부풀리고 발톱을 세우는 너이지만, 내일이 오기까지 이 밤을 잘 견뎌서 무사히 다시 나의 시선에 네가 걸렸으면 좋겠다. 생에 치여 가혹한 삶이 여럿 널려있대도 너 있는 곳이 면면히 따뜻했으면 좋겠다. 너에게만은 시리게 쑤시는 겨울이 피해 갔으면 좋았겠지만, 그럼에도 바람을 막아주는 곳을 찾아 몸을 숨겼으면 좋겠고, 구르기 좋은 푹신한 잔디가 가득했으면 좋겠고, 네가 총총 밟아가는 길 위에 모난 것 없이 평탄했으면 좋겠다. 축축하고 어둑한 것만이 삶이 아니라고 믿으며 살아가는 생 내내 곳곳에 많은 다정함을 마주했으면 좋겠다. 너는 하루 끝에 예고 없이 찾아온 선물 같다. 여기 마냥 너를 좋아하는 사람이 있다.

나의 몫

　슬픔이 다소 짙어졌던 계절엔 타인들의 손길을 찾아다 닐 때도 있었다. 어떤 결핍인지도 모른 채 당장의 공허함을 해소하려 이것저것 채워 넣으려고만 했다.

　내가 버틸만한 곳을 더듬거리며 무작정 걸었던 전화. 누군가의 품 안에서 범람하는 이 감정을 추스르고 싶어서 누군가를 어렵게 만들기도 하면서 누군가의 품에서 품으로 밤을 옮겨 다녔다.

　전화를 걸고 전화를 끊으며 오갔던 대화 중 어느 순간부터 속상함만이 난무하는 게, 마치 나의 감정을 퍼붓고 그 전화 속에 가둬버리고 마는 행위 같아서. 나의 속상함을 덜어주려 전화를 받아주고 함께 감정을 감당해 주던 누군가의 배려가 점차 미안해져서. 내 입에서 나갈 고민거리나 말들이 조심스러워지고 더 이상의 위로를 바라기만 했던 태도가 부끄러워졌다.

내 아무리 밤을 걷고 걸어 도피처를 찾아다녀도 본질적인 우울은 결코 누군가의 품으로 희석시킬 수 없는 것이었다. 누군가의 속상함은 공감하고 위로해 줄 순 있지만, 실질적으로 풀리지 않는 일들은 결국 스스로 해결해야 할 일이 된다.

나의 감정을 온전히 이해하고 받아들이되 불필요한 생각을 덜어내고 짙어지는 불안도 자꾸만 환기시켜야 한다. 그게 누군가에게 말을 옮기는 걸로 해결될 순 없다. 사람에게 기대는 것은 한계치가 있다. 결국은 스스로 감정의 무게를 덜어내야만 가볍게 더 나아갈 수 있다.

어김없이 나는 나를 지켜야 하기에 내 감정은 나의 몫이다. 화를 냈다면 풀어갈 줄도 알아야 하며 슬픔에 겨워 울었다면 그 울음을 멈추고 달래는 것도 나의 몫이다.

일말의 나

 삶을 살아가면서라고 쓰다 오타가 나서 삶을 사랑하면서라고 썼다. 다시 백스페이스를 누르려다 문득 스스로의 삶을 사랑한 적이 있었을까 싶어, 이어서 쓴다.

 누군가로부터 하여금 좋은 사람이 되어야겠다고 생각한 적은 있지만, 나 스스로에게 좋은 사람이 되어야겠다는 생각을 해본 적이 없었던 것 같다. 실은 생각지도 못했던 것 같다. '웃어야 해' '착하게 보여야 해' '나는 어울리지 않아' 끊임없이 스스로를 평가하며 그어둔 그 경계를 벗어나면 무언가 큰일이라도 나는 듯이 굴었다. 나의 모자란 부분들을 기어코 들키면 그게 곧 삶의 허점처럼 여겼다.

누군가와의 대화 속에서 나도 모르게 스스로를 인정한다거나 표현해 내기 어려워한다는 것을 알았다. 아직 나의 모든 모습을 가감 없이 보여줄 수 없을 만큼 누군가에게 들키고 싶지 않은 이면들이 여전히 많은데 본연의 자신을 끊임없이 검열하는 내가 과연 정말 스스로를 온전히 사랑할 수 있으려나 두려웠다.

스스로를 사랑하는 방법도 이제 겨우 찾아가는 내가 내 모습을 숨기기에 급급하지 않고 받아들이고 결국은 내 삶의 구석까지 완연하게 사랑할 수 있을까에 대해선 여전히 의문이다. 어쩌면 가장 별거 아닐지도 모를 텐데 늘 나는 나에게 가장 엄격했던 것 같다.

결국은 평생 나와 함께 하는 건 나 자신이기에 스스로를 가장 믿을 줄 알아야 한다. 그래야 무언가 행동을 해도 더 용기 있게 나아갈 수 있고, 나의 본질을 더 깨닫고 어떤 일을 겪으며 책망의 대상이 내가 되지 않을 테니까.

그래도 밝고 따뜻한 말을 좋아하는 스스로에게 더 나긋

한 말들을 나열해 보는 것도 좋겠다. 마음 뒤편에 숨어있는 일말의 나를 사랑하기까지 덧없이 흘러가는 것들 사이에서 무사히 나는 나를 지켜가야지.

　나를 많이 버릴수록 행복의 기준이 될 거라 여겼던 그 모든 순간을 차근히 버려야겠다. 내 삶에서만큼은 내가 나의 위로가 되어야지.

산 책

퇴근 후, 유난히 불어오는 밤바람이 좋길래 십 분을 기다려야 올 버스를 타지 않고, 집까지 걸어가기로 한다. 하루의 내가 소진되었을 때, 치열했던 낮과 달리 고요하고 잔잔하게 살랑 부는 바람에 호흡 몇 번으로 불필요했던 기분을 정리해 보는 밤. 더 걷다 보면 여러 가지 상념들이 떠오른다. 오늘 나의 기분을 망쳤던 사람의 얼굴도 떠오르고, 미워지던 말들과 마음만큼 풀리지 않았던 일들. 미안했던 누군가에 대한 죄책감이나 짧은 후회의 잔상들도 떠오른다.

약간의 기대 같은 것들은 늘 현실의 오차만큼 실망을 만든다. 좋은 일만 일어나는 삶이란 어디 있을까. 누구나 생각지 못한 순간을 직면하고, 그때마다 깔끔하게 대처하기란 쉽지 않기에 때론 정돈되지 않은 대처를 하기도 하겠지. 나의 예상에 없었던 일들을 대처하고 책임지는 일들을 겪다 보면 그만큼의 경험치가 쌓여 나의 말과 행동도 때마다 습득했던 답으로 인해 성숙해지고, 언젠가 더 나은 모습으로 제 모양을 갖출 것이다.

뚜렷한 성과가 보이지 않았던 하루였대도 무탈히 버텨냈다는 것에 안도하고, 시시한 시간에 걸터앉아 쉼표를 찍는 순간도 지쳐있던 우리에게 어쩌면 가장 필요한 순간일지도 모른다.

어떤 날은 아침이 오는 것보다 밤이 온다는 사실이 더 위안처럼 느껴지기도 했을 터. 밤은 밝지 않아서 가깝지만 않으면 표정을 숨기거나 혼자일 수 있어서 감정을 숨기지 않아도 되니까. 유난히 마음이 가난했던 날이면 조금은 이 밤을 산책하듯 걸어봐야지.

지나오니 반짝였던 순간들은
우리의 삶 켜켜이 자리를 채우고
환하게 웃고 있을 것이다~

살만해져

  가장 작은 마음으로 살아가고 있을 때쯤, 대뜸 엄마에게 전화를 걸어서 주제도 없는 말들을 나열했을 때가 있었다. 이런저런 대답을 해주던 엄마는 그 통화의 끝에 그런 말을 했다.

  "모든 일은 본인의 뜻대로 되지만은 않아. 생각만큼 살아가기는 어렵지. 그렇지만 그렇게 된 이유는 살아가면서 자연스럽게 찾아지더라. 그걸 알고 조금만 더 마음을 내려두고 살아가면 꽤 살만해져. 그러니까 혼자 끙끙 대지 말고, 이렇게 또 이야기해 줘."

그렇게 나는 또 살만해진다. 어떤 날의 위로로, 되새기는 말들로, 불쑥 찾아오는 마음으로. 어쩌면 내가 겪고 있는 일들은 내 탓으로 일어나지 않은 일이 대부분인데, 내가 이끈 모든 걸음의 이유는 살아가면서 찾아가는 게 아닐까.

우리 모두는 이런저런 삶을 살아가며 모든 시기엔 꼭 거쳐야만 하는 시련이 있다. 더 나은 사람을 만나기 위해 떠나보낸 걸 수도 있고, 웃기 위해서 미리 울었던 거고, 다시 일어나기 위해 눈을 감았던 것뿐이라고. 그러니 괜찮아지기 위해서 지금 아픈 것이니 포기하지 말자. 끝없이 헤매다 마주한 오늘이 꽤 살만한 오늘이 되는 날도 그리 머지않았다고 믿는다.

분명 그런 날은 올 것이다.

그늘진 커튼 사이로도 비집고 들어오는 햇살처럼
나의 삶 곳곳엔 나를 사랑해주는 당신이 있어요
옅은 바람에도 곧잘 흐트러져
마음이 삼켜지지 않을 때마다
당신이 머리맡에 놓아둔 문장으로 이불을 덮곤 해요
그럼 어떻게든 다시 잘 지낼 용기가 생겨요
더 잘 살고 싶어져요

오늘 일은 본인의 뜻대로 되지만은 않아
생각 만큼 살아가기는 어렵지
그렇지만 그렇게 된 이유는
살아가면서 자연스럽게 찾아지더라
그걸 알고 조금만 더 마음을 내려놓고
살아가면 꽤 살만해져
그러니까 혼자 끙끙 대지 말고
이렇게 또 이야기해줘

「진심글」 김혜진 작가의 손글씨와
김혜진 작가 어머니의 손글씨입니다.

행복해지는 일에 게으름 피우지 않기로 해요

ⓒ김혜진 2023년

초판 1쇄 인쇄 2023년 11월 22일
초판 1쇄 발행 2023년 11월 28일

지은이 | 김혜진 / **인스타그램** @jinsimgeul

편집장 | 김유은
펴낸이 | 박우성
펴낸곳 | 좋은북스
신고번호 | 제2019-00003호
전화 | 031-939-2384
팩스 | 050-4327-0136
이메일 | goodbooks_@naver.com
인스타그램 | instagram.com/goodbooks.official

ISBN 979-11-90764-33-9 03810

· 이 책의 저작권은 출판사와 저자에게 있습니다.
· 이 책은 저작권법에 의해 보호를 받는 저작물이므로 출판사의 허락 없이 내용의 일부를 인용하거나 발췌하는 것을 절대 금합니다.